佛教文化经典丛书

白话胜鬘经

全注・全译・文白对照

注译◎海波

陕西新华出版 三秦出版社

图书在版编目（CIP）数据

白话胜鬘经 / 海波 注译. —西安：三秦出版社，2021.11（2025.9 重印）
（佛教文化经典丛书）
ISBN 978-7-80628-946-4

Ⅰ.①白… Ⅱ.①海… Ⅲ.①胜鬘经 - 注释 ②胜鬘经 - 译文 Ⅳ.① B942.1

中国版本图书馆 CIP 数据核字（2005）第 051281 号

佛教文化经典丛书

白话胜鬘经

海波　注译

出版发行	三秦出版社
社　　址	西安市雁塔区曲江新区登高路1388号
电　　话	（029）81205236
邮政编码	710061
印　　刷	三河市兴达印务有限公司
开　　本	720mm×1000mm　　1/16
印　　张	12.25
字　　数	145千字
版　　次	2021年11月第2版
印　　次	2025年9月第7次印刷
标准书号	ISBN 978-7-80628-946-4
定　　价	58.00元
网　　址	http://www.sqcbs.cn

总　序

　　佛教于公元前6世纪诞生在印度次大陆，西汉时期传入中国，与中国固有文化发生冲突和融合，使得中国传统文化变得更加丰富多彩，博大精深，逐渐形成了以儒家文化为主、以道家文化和佛教文化为辅的文化格局。这种格局几乎贯穿于整个中国封建时代。要真正了解中华传统文化，就必须了解中华佛教文化。随着社会历史的风云际会，文化潮流的峰回路转，在人类迈入新世纪之时，越来越多的人们开始把目光投向神秘的佛教文化。

　　佛教文化的载体就是各个时代传下来的汗牛充栋的佛教经典。正如儒家典籍分为经、史、子、集一样，佛教典籍也细分为经、律、论三大类，号称"佛法三藏"。"经"的地位最高，是佛陀为指导弟子修行所宣说的理论。因此，今天的人们最为关注的也就是这些"佛经"。

　　人们激赏、关注佛经，有着各种各样的动机。不管怎样，佛经毕竟已经不再局限于佛教内部，不再只是佛门弟子朝夕诵读的宝卷。学者们探幽发微，极力领悟通达无碍的大乘般若，解读出神入化的因明思辨，进而把握佛教文化与中国文化的脉络。普通人出于修身养性的需要，在接受了儒家和道家四书五经、道德南华的洗礼之后，自然而然地渴求从佛家的经典中汲取智慧和精神营养。如果说读书是千古风雅之事，那么读佛经更是被看做雅中之雅。正如明代学者陈继儒所言："闭门阅佛书，开门接佳客，出门寻山水，此人生三乐。"相信不少人就是抱着这种心态去读佛经的。

　　读佛经固然富有禅意，可是佛经却并非人人都能读懂，除了少数学者外，即使是终日诵习的佛门弟子，也常常受到"文字障"的困扰，更不用说一般读者了。有鉴于此，我社应读者的要求，组织国内佛教研究专家，编写了这套"佛教文化经典丛书"，选取十一部在佛教史上影响最大、在中国僧俗群众中名气最大的著名经典，详加注解破译，以便让深邃精妙的禅机法慧，化作为大众所喜闻乐见的菩提甘泉，滋溉读者的心田。这十一部经典是：《金刚经》《法华经》《圆觉经》《地藏菩萨本愿经》《六祖坛经》《楞伽经》《楞严经》《阿弥陀经》《无量寿经》《观无量寿经》《胜鬘经》。注译者抱着高度负责的态度，发扬当年译经大德的精神，潜心体悟，字斟句酌，力求使"二次传译"保持原经文的神韵，而又不失质朴和通俗晓畅。我们真诚地希望广大读者提出宝贵的意见，以便使丛书越出越好。

前　言

《胜鬘经》（Srimala-devi simhanada-sutra）全称《胜鬘师子吼一乘大方便方广经》，对大乘佛教的重要学说如来藏思想进行了深入地探讨和阐发，为大乘佛教全盛时期阐述如来藏思想的代表性经典，在佛教哲学思想体系中占有不可忽视的地位。

一　如来藏思想简介

佛教在小乘时期，佛的地位至高无上，佛教信众只需遵照佛的教诲进行实践即可。至大乘佛教兴起，众生都有佛性的观点逐渐为人所知，成佛的根据日益成为讨论重点，如来藏思想就是在这样的背景下于公元三世纪左右开始传播，至四五世纪大乘佛教盛行而广为流布。

现存资料显示，西晋时期翻译的《如来藏经》[①]最先使用"如来藏"概念。该学说一经提出，便相继有经典流传，如《不增不减经》《无上依经》《大法鼓经》等，并与《法华经》《涅槃经》等重要大乘经典产生密切关系，《胜鬘经》就紧随《大涅槃经》之后出现在大约公元五六世纪之间。

如来藏学说始自原始佛教，是"自性清净、客尘染污"思想的继承和发展。如来藏思想的最初含义为：众生本具觉性，内藏在现实生命之中，有如母腹中的胎儿，为一潜在性的如来;现实生命虽然是染污状态,如来藏却自性清净,具备一切佛的功德。这样,如来藏作为成佛主体,它的存在使众生都自具成佛的性能。

如来藏学说的成熟以《胜鬘经》和《楞伽经》的相继成书为标志。《胜鬘经》成书在先,通过如来藏作用的分析论证,理论上充分肯定大乘佛教所讨论的佛性说,实际形成了佛家的人性学说[2]。

《胜鬘经》对如来藏思想的贡献主要有四点:一、将"如来藏"与"自性清净心"联系在一起,如来藏由此被称作"自性清净心"或"自性清净藏";二、明确提出自性清净的如来法身隐藏在一切众生的贪嗔痴等烦恼中;三、将如来藏的讨论归纳为"五藏":如来藏、法界藏、法身藏、出世间上上藏、自性清净藏;四、从佛性本具法身常在和众生需要修行彰显自性清净心的两个不同角度,将如来藏分为空如来藏与不空如来藏。《楞伽经》延续《胜鬘经》的思路,以"如来藏藏识"建立起如来藏为主、妄识为客的立体模式,完成了如来藏与阿赖耶识之间的理论衔接。由《胜鬘经》到《楞伽经》清楚地体现了如来藏思想的发展脉络。

此后,如来藏思想成为大乘佛教的一支,与中观、唯识鼎立,对中国、日本诸学派和宗派影响颇为深远,如华严宗的性起思想、天台宗的本觉法门说、地论宗的净识缘起说、禅宗的见性成佛说、日莲宗的久远本佛说、密教胎藏界曼荼罗所说,都是依如来藏思想发展而来的。

二 《胜鬘经》的内容和思想

《胜鬘经》叙述胜鬘夫人由父亲波斯匿王和母亲末利夫人的引导而信奉大乘佛教,并亲蒙佛陀授记,在法会上为大众演说一乘、一谛、一依等大乘佛法，反复说明如来藏是超离世间的根本原因。经文后专门分别标出所详述的十四义和总结，后世据此将全经划分为十五章。前三章叙述胜鬘夫人皈依、受戒、发愿的经过。第四章详说摄持正法、总摄一切的愿行，这里所说的正法专指涅槃一乘法。第五章是关于一乘法的修证。从第六章到第十二章，解释三乘必然归于佛乘并为一乘所摄的原因，以及具体的修行道路。第十三章说明进入一乘道的条件，在此解释前出经典所说"心性本净、客尘所染"的密意是指"如来藏心"。第十四章强调净信是根本，修道最终目的仍归于涅槃。第十五章总论以上内容并作以总结。

由内容不难看出，《胜鬘经》宣扬的是一乘思想和如来藏思想。经中主要论述了两个问题：一、三乘归入一乘，一乘是究竟；二、一乘的依据，也即成佛的依据——如来藏。下面依次详说。

关于第一个问题，《胜鬘经》认为三乘教法归于一乘，一乘是为佛乘。对于一乘的具体所指，有两种说法。一种认为，一乘就是三乘中的大乘，另一种认为三乘之外另有一乘。一般都倾向于后面一种，其理由为，佛教有三乘或五乘的说法，之所以说一乘，就是为了与三乘或五乘区别开来。声闻、缘觉二乘的目的本来就不是佛乘，而菩萨乘，也即大乘只是一乘的因，所以三乘都不是一乘，如《法华经》说："但以一佛乘故，为众生说法，无有余乘，若二若三。"另一方面，三乘又都是一乘的方便说，都是进入一乘的途径，如本经所说，"三乘者，入于一乘"。因而，可以说三乘都来源于一乘，又都不离一乘，有时，经中把一乘也叫大乘，这是从果位角度针对二乘所言，并非是三乘中的大乘，如《法华经》中"佛自住大乘"，本经中"大乘者，即是佛乘，是故三乘即是一乘"

以及"即是大乘无有三乘",都是如此。

相对于二乘、三乘说一乘,从较浅显层面上而言,有两种意义:一、破二明一;二、会三归一。破二明一的"破二"是指破除声闻、缘觉乘修行人的错误见解,他们往往认定二乘所证的果位为终极目标,不再想发菩提心进入佛乘。这种偏执的见解是前进道路上的巨大障碍,必须彻底破除,所以有必要"开方便门,显真实相"。所谓开方便门,就是"正直舍方便,但说无上道"。破二明一的"明一"则指菩萨修行未达到佛果之前,并不自执菩萨行为究竟,所以不破菩萨乘。会三归一是从修行的宏观整体而言,成佛虽然不一定要经历二乘,但是声闻、缘觉乘的修行成果为一佛乘的实现提供方便,最终的成就需要会通三乘。对此,《法华经》中有譬喻:五百由旬③的成佛之路,声闻、缘觉走了三百由旬,于佛陀的化现之城歇息下来,他们虽然没有到达最终目的地,但所走的三百由旬还是包括在成佛之路当中的。就是说,只要明了二乘之果并非终极境界,那么过去所证得的所有成果,无论大小都是成佛的方便,都可以会入一乘。"会三"的另一对象是菩萨乘众。有的初学菩萨会误以为三乘确实究竟,甚至有的还想退证小乘,而一旦明了二乘非真且三乘同归一乘,就不会再退转了。总之,之所以要"破",是为了使二乘中人知道其修证未达最高成就;之所以应当"会",是为了使二乘中人知道二乘是一乘的方便,菩萨乘众明白所修所行并非终极。

从更深意义上来看,"破二明一"是"会三归一"的基础,"会三归一"又是引三入一,即引导三乘进入一乘,达到修道的最高果位。如此而言,确实有不同于三乘的一乘,一乘的见解和修证既异于三乘又超出三乘。

《胜鬘经》宣讲的第二个主题是一乘的依据——如来藏。

从思想的发展来看，原始佛教相信只要依随释迦牟尼佛的教法修学，通过种种实践，如七觉支、八正道等等方法就可以获得解脱。这种见解无需探究成佛的根据，只把成佛问题看作一种通过实践来解决的事情，视佛果遥不可及。大乘佛教兴起，佛不再具有惟一性，疑问开始出现：所有众生都能成佛吗？众生为什么能成佛？成佛的依据何在？受菩萨观念启发，如来藏最初的意义得到阐发，人们开始认识到，众生本具觉性，觉性就内藏在现实生命之中，为一潜隐性的如来。

那么，具体如何理解如来藏呢？如来藏一词梵文为 tatha^gata-garbha，在此复合词中，tatha^-gata 是"如来"之意，garbha 是"胎"，即借用哺乳动物先在母胎里成长的说法来形容如来之所以成为如来的原因——如来原本就在母胎里孕育着，迟早会功德圆满，必然分娩，这就等于认定众生与生俱来就具备成佛的特质。如来藏之实质是众生的心识，从而明确成佛是心在成。那么，心的本质又是什么？《胜鬘经》回答了这个问题：心以"清净"为本质，即"自性清净心"。《胜鬘经》就此界定如来藏，将之称为自性清净心（梵文为 prakrti pari sudd ham cittam）或自性清净藏，把成佛根据的论述向前推进一大步。

如来藏的提出揭示众生本来具备一切佛的功德，所以，在成佛问题上都是自成，而不是从外有所加益。《胜鬘经》论证了现实生命虽然处于染污状态，如来藏却本来自性清净，否则它就不能化除无明，也无法成为出世间的根据。

《胜鬘经》把如来藏与如来空性智等同，并以"空性智"来观察理解心的本质。空性智对心的理解有两个方面，（一）从"自性清净心"角度而言，一切众生皆有此心，现时不能觉察，乃因为烦恼障蔽，即所谓"心性本净，客尘所染"；又

"净心"与"客尘"同时并存，性质各不相同，所以二者又是分离的，即所谓"与客尘俱，而性相离"。由空性智而见"客尘"的虚妄，从而将其断掉。这样，如来藏就具有"空"的作用和意义，我们称之为"空如来藏"。（二）从如来藏的作用而言，如来藏让众生成佛变为可能，它具有佛的各种功德，尽管现在没有发现，但功德的基础终究存在，这样，藏与功德的关系，被看作"不俱而不离"。就是说，现在虽然尚未实现佛的功德，但佛的特质早已存在，如同幼儿已具备有成年人基础一样，总有成长为成年人的一天。从而，如来藏又具有"不空"的意义，此即为"不空如来藏"。

如来藏与阿赖耶识分属心识的两种状态。众生处在烦恼之中，心识被污染的状态叫阿赖耶识，心识不受烦恼污染的状态叫做如来藏。受污染与否，只是心识不同功能的展现。阿赖耶识依心识的染污作用建立，可以说明生命的构造、相续、轮回及与世界的关系；反之，如来藏依心识的清静本性而成立，用以说明众生成佛的根据。

二者既然是一清净一染污，那么就有问题产生：作为现实生命所依的阿赖耶识与作为佛境界所依的如来藏如何结合？或言之，在性质上，二者彼此排斥，从何建立关系？对此，《胜鬘经》中没有正面回答，却可以从两种如来藏空智的说法中得到启示，后出的《楞伽经》延续这一思路作出解答。《楞伽经》提出一个新名词——"如来藏藏识"，把心识的两种功能并列一处来说明，以肯定众生之心的本质是如来藏为前提，认为成佛就是拨开表层生灭心（阿赖耶识）见到底层非生灭心的如来藏本觉。这种拨开，放在实践修行上说，就是断除烦恼，清除阿赖耶识中的业种。由此，心识的真妄和合并不是平面的二元对立关系，而是顺着如来藏的思路，建立的以如来藏为主、妄识为客的有立体含义的上下层关系。这一含义确定之后，就能解释清楚如来藏与阿赖耶识之间的连接，也能明白现象界的生起尽管透过阿赖耶识，但仍可归原到如来藏；又阿赖耶识以如来藏为依据而展现，本经中所说生死依如来藏就是此意。

三 《胜鬘经》的版本与注疏

《胜鬘经》在汉文、藏文中均有译本，历代各版本大藏经以及日本《大正新修大藏经》（简称《大正藏》）、《中华大藏经》都收录有本经，共有三个汉译版本：

一是《胜鬘经》，北凉昙无谶（梵语名 Dharmaksema，公元 385~433 年）译于玄始年间（公元 412~428 年），一卷，没有流传下来，唐代智昇在《开元释教录》将其列入阙本中；二是《胜鬘师子吼一乘大方便方广经》，南朝刘宋求那跋陀罗（梵语名 Gunabhadra，公元 394~468 年）于元嘉十三年（公元 436 年）译出，一卷，译文简约流畅，是通行译本，历代注疏都以此作为底本；三是《胜鬘夫人会》，唐代菩提流志（梵语名 Bodhiruci，公元 562~727 年）译，一卷，翻译时间约在神龙二年至先天二年（公元 706~713 年）之间，编入《大宝积经》第四十八会，译文相对而言比较浅显，也流传至今。

藏文译本只有一种，由胜友、善帝觉、智军合译，二卷，也编入《大宝积经》里，位置与汉文版的第四十八会相对应。藏文大藏经《甘珠尔》有收录，被定位为"末转抉择胜义法轮"类的经典。在郭和卿翻译的《布顿佛教史》中，把本经称作《圣吉祥鬘天女狮子大乘经》，译者是耶西德（智军）。

《胜鬘经》的梵语文本早已佚失，但在《宝性论》等其他梵文论书中还存有片断，日本学者宇井伯寿已做了大量研究工作，整理收集成书。另外，本经的日译本有宝幢会所编著的《藏汉和三译合璧：胜鬘经·宝月童子所问经》。现在，这部经又有了英译本——韦曼等所著的《胜鬘皇后狮子吼——佛典如来藏学说》。

南北朝时期是《胜鬘经》历史上流通最为兴盛影响最大的时期。此期，佛教在南北两方的发展迥然不同，南方偏重义理，北方属重禅修，有关义学的探讨通常都由南方发起，《胜鬘经》亦不例外。最初注释本经的是刘宋的竺道猷，求那跋陀罗的译本刚刚问世，他就深入研究，并作出《胜鬘经注解》五卷。后来向他求学的道慈，又将《胜鬘经注解》删节为《胜鬘要解》二卷，这两部最早的注解都久已佚失。到了梁代，南方涌现出一批有关本经的注疏，有慧超著《胜鬘经注》、僧馥著《胜鬘经注》、僧璩作《胜鬘经文旨》、法珍作《胜鬘义疏》、法瑗作《胜鬘经注》、慧通作《胜鬘经义疏》及梁武帝的《胜鬘经别释》等，却都相继佚失，无一流传下来。北方同期也出现多家注疏，如道辨的《胜鬘经注》、慧光的《胜鬘经注释》、僧苑的《胜鬘经疏记》、昙延的《胜鬘经疏》及灵祐的《胜鬘经疏》等，同样都没有保存下来。现在能见到的最早的注疏是敦煌出土的北魏正始元年（公元504年）的写本《胜鬘经义记》《胜鬘经挟注》及延昌四年（公元515年）写本照法师的《胜鬘经疏》残本各一卷。

至隋代，慧远作《胜鬘经义记》二卷，现在只有上卷还能见到；吉藏作《胜鬘宝窟》三卷，是从三论宗的观点出发注释，至今保存完整。唐代有窥基的《胜鬘经述记》二卷，明空的《胜鬘经义疏私钞》六卷，保存至今；另外见于记载的还有元晓的《胜鬘经疏》、道伦的《胜鬘经疏》各二卷，靖迈的《胜鬘经疏》、攀法师的《胜鬘经义记》各一卷，也早已佚失。在海外，有日本圣德太子的《胜鬘经疏》、普寂的《胜鬘经显宗钞》三卷等。

唐代以后，讲习《胜鬘经》的风气逐渐衰退，再没有续出的注疏出现。

四 《胜鬘经》的译者简介

本书主要以《大正藏》版的《胜鬘师子吼一乘大方便方广经》为工作底本，译者是求那跋陀罗。

求那跋陀罗（公元394~468年），梵语名为Gunabhadra，意思是功德贤，为刘宋时期著名的译经僧人，来自中印度，原属婆罗门种姓，幼年即学习五明等诸经论，广泛研读天文、书算、医方、咒术等学说，后来因为读《杂阿毗昙心论》而崇信佛法，而后剃发出家，受具足戒。他为人慈和恭顺，勤于学业，最初研习小乘教法，博通三藏，后来转学大乘教法，深入研究并广为宣讲《大品般若经》《华严经》等诸多大乘经典。由于他精通大乘学说且学识渊博，当时的人都尊称他为"摩诃衍"（大乘和尚）。

刘宋元嘉十二年（公元435年），求那跋陀罗经过狮子国（今斯里兰卡）等地由海路到达广州，住在云峰山的云峰寺，时任广州刺史的车朗报告了宋文帝。文帝笃信佛教，派人接他到南京，住在祇洹寺。当时的博学名士颜延之对求那跋陀罗十分敬仰，刘宋王室的彭城王义康和谯王义宣也尊他为师，这些条件为他译经工作的顺利进展提供了有效保证。

孝建初年（公元454年），求那跋陀罗劝阻无效，谯王阴谋作乱。由于他在群众中威信很高，而被谯王胁迫一道东下。后来王玄模督军打败谯王义宣，依孝武帝预先发布的命令，护送求那跋陀罗重回南京。求那跋陀罗在荆州时写给谯王的信都有记录，没有片言只字牵涉到军事，孝武帝后来查明此事，对他越发敬重。有一次孝武帝问他是否想念谯王，他回答说："受供十年，何可忘德？请许为之烧香三年。"孝武帝佩服他的义气，慨然应允。明帝泰始四年（公元468年）求那跋陀罗去世，时年75岁。

求那跋陀罗的主要贡献在于译经，他翻译的经典比较质实，不失原意，后人评价他是"谨传译，字句虽质而理妙玄博"[4]。初到南京，求那跋陀罗就在祇洹寺集中义学僧众翻译《杂阿含经》五十卷[5]，之后又在东安寺译出《大法鼓经》二卷、《相续解脱经》二卷。元嘉十三年（公元436年）由丹阳郡尹何尚之为施主，求那跋陀罗在他那里译出了《胜鬘经》一卷，又在道场译出《央掘魔罗经》四卷、《楞伽经》四卷。当时求那跋陀罗有徒众七百余人，宝云担任传语，慧观为笔受，众人"往复咨析，妙得本旨"[6]。元嘉二十三年（公元446年），谯王义宣出镇荆州，请求那跋陀罗一同前往，求那跋陀罗被安顿在辛寺。他在那里译出《无忧王经》一卷、《八吉祥经》一卷（现存本误题僧伽婆罗译）、《过去现在因果经》四卷。除以上九部六十八卷以外，据《李廓录》记载，确为求那跋陀罗翻译的经典还有《大方广宝箧经》二卷、《菩萨行方便境界神通变化经》三卷和旧题出自《小无量寿经》的《拔一切业障根本得生净土神咒》一卷，总计十二部七十三卷，现今都存在。《高僧传》记载他还译出《无量寿》（即《小无量寿经》）一卷、《泥洹》《现在佛名经》《第一义五相略》等经籍，均已散佚。《李廓录》《长房录》记载他所译有《虚空藏菩萨经》等二十一种，现在都是缺本，难以确定。

在译经成就方面，求那跋陀罗堪与菩提流支、真谛等人相媲美，他所翻译的《胜鬘经》《大法鼓经》等系列经典，宣扬如来藏教义，极受后来信奉涅槃佛性之说的佛教学者重视，讲解注疏代不乏人，对后来各大宗派教义的形成颇有影响。

求那跋陀罗在佛教思想史上的影响是他系统地翻译、传播了瑜伽一系的学说。正是经求那跋陀罗播下禅法种子，后来得到达摩、慧可等人的培养，形成一派专讲《楞伽经》的楞伽师，最终形成中国的禅宗。所以，楞伽师的传承尊求那跋陀罗为第一代祖师，他所教导的"禅训"和一些安心的方法是楞伽师理论体系的重要根据。由此可见，求那跋陀罗不仅是位译师、禅师，还是中国佛教史上的一位宗师。

五　一点说明

本书以《大正藏》所录的刘宋译本为工作底本，同时参照《大宝积经·胜鬘夫人会》等校勘本而翻译。此外，还参考了如来藏系列的若干重要经论，包括与《胜鬘经》关系密切的《楞伽经》，世亲（Vasu-bandhu，约公元5世纪前半叶）的《佛性论》，坚慧（Sa^ramati，约公元5世纪初）的《宝性论》，以及《大乘起信论》等。

全书根据经文对话的基本形式重新加以标点和分段。针对每一部分经文，依序是原文、注释、白话翻译以及评析。注释部分采用以句为主，兼顾数句一旨的方法，依次进行，尽可能做到全面而准确，前面已出现的注释，后文不再重复；译文部分以直译为主，在一些专有名词已有注释的前提下，为了便于阅读，有的兼采意译，有的保留这些名词，如"阿罗汉"；评析部分是对这部分经文加以说明、深化，以帮助读者分析并加深理解。书后附有由唐代菩提流志翻译编入《大宝积经》的《胜鬘夫人会》，供读者比较阅读。应当说明的是，在注释和评析部分，笔者未恪守于旧注、旧说，力图站在佛教总体思想的大背景下，尽可能准确地进行研究和评价。《胜鬘经》含义深邃，富于哲理，尽管笔者倾心尽力，期望能忠实地反映经文内容，水平终究有限，疏漏、偏颇以至于谬误之处在所难免，期待读者的批评指正。

【注释】

① 西晋时期法炬等最早译出，早已不存。现在存有东晋佛陀跋陀罗和唐代不空的两个译本。

② 见吕澂《印度佛学源流略讲》，上海人民出版社，1982年版，第174页。

③ 古印度的长度计量单位。

④（梁）慧皎撰，汤用彤校《高僧传》卷三，中华书局，1992年版，第131页。

⑤《开元录》载"于瓦官寺译，梵语本法显贲来"。现存本实际只有四十八卷，其中第二十三与第二十五两卷，是把求那跋陀罗译的《无忧王经》误抄进去的。

⑥（梁）慧皎撰，汤用彤校《高僧传》卷三，中华书局，1992年版，第131页。

目　录

前言 …………………………………… 001
　一　如来藏思想简介 ………………… 001
　二　《胜鬘经》的内容和思想 ……… 002
　三　《胜鬘经》的版本与注疏 ……… 007
　四　《胜鬘经》的译者简介 ………… 009
　五　一点说明 ………………………… 011
经文注译 ………………………………… 001
附录　《大宝积经·胜鬘夫人会》 … 161

胜鬘师子吼一乘大方便方广经
南朝刘宋　求那跋陀罗译

经文注译

【题解】

《胜鬘师子吼一乘大方便方广经》是《胜鬘经》的全称。

胜鬘，是波斯匿王的女儿，梵语名为室利末利（Srimala）。室利是胜的意思，末利是鬘的意思。鬘是印度的一种装饰，如《大唐西域记》卷二中记载，用花编成环状戴在头上。据说，波斯匿王因为没有子女，曾经向神祈求，后来有了一个女儿，举国上下为之欢庆，臣民百姓献上各种香花和珍宝，因为此事，给女儿命名为胜鬘。又，印度人名字中经常采用父母的名字，这里末利又是取她母亲的名字。

师子吼是一个比喻。师，通狮。印度文化认为狮子是兽中之王，咆吼时震慑百兽，无不顺服。在佛经中经常以此来比喻佛菩萨讲说佛法，纵横无碍，无所怖畏，广灭一切戏论，破除一切邪见，使外道归顺。在这里特指胜鬘夫人说一乘究竟了义法，破斥外道、凡夫及声闻缘觉二乘人的见解，所以赞美为狮子吼。

乘，是车乘的意思。在佛教中经常提到的大乘、小乘、显乘、密乘这些名词中的乘，都是用来比喻不同的法门就像不同的车乘，能运载不同根基、不同数量的众生走向解脱。从发心的大小和度化众生的多少而分为大乘和小乘，其中小乘又分为声闻乘和缘觉乘，大乘专指菩萨乘，这三者合称为三乘，有时加上人乘和天乘，合称为五乘。按照大乘密教的说法，整个佛教又可分为波罗蜜多乘和持明金刚乘，也就是教法和证法两乘。

一乘，在这里指佛乘，是针对三乘而说。本经就是宣扬一乘的思想，与《法华经》相同。《法华经》说"但有一佛乘故"，所以一乘就是指佛乘。这是从修行的最终目的和佛陀说法最真实的意趣来说的。所谓的三乘中的每一乘，都不过是一佛乘的前导，或者说是一乘的预科，均是"向涅槃界"（本经后面所讲）。《法华经》中说到声闻、缘觉两乘时，喻他们是在五百由旬的成佛路程中走了三百由旬，只是到了化城，尽管未达目的地，这三百由旬终归包括在五百由旬的路程当中。同样，一般所说的大乘，即菩萨乘，也是走在这五百由旬的路程上，或许比声闻、缘觉走得远，毕竟还是在因位，尚未彻底了解佛的真实意趣。之所以设立有三乘之说，是为了适应三种众生的根基，使他们进入佛教，最终进入一乘，进而成佛。所以，从另外一个角度说，要真正进入一乘，必须要经过这三乘即三个阶段中的一个或两个阶段（其中菩萨乘是必然要经过的，其他两乘随根基不同或经过或不经过），然后超越这三乘的见解和修证方可。三乘是因乘，一乘是果乘。在这部经中，偏重于从教法上说一乘，只在最后说到哪些人可入一乘时隐约流露了一点关于证法的言教。

大方便，是指佛说法的善巧，在本经中体现为将声闻、缘觉、菩萨等三乘统统归入一乘。以前将一乘说为三乘是方便，是将真实化为权巧，现在这样说是大方便，是将权巧归于真实。方广，是大乘经典的通名，也译作方等。方是正而不偏的意思，广是广大普遍，合指大乘经典的文辞丰富优美，义蕴深广且境界宏大。

根据吕澂先生考证，这"一乘大方便方广"是译者参考经末文字加上去的，原来的经题没有。

经，梵语为sutra。音译作修多罗、素怛缆、苏怛罗，一般译为契经、正经、贯经。佛教经典可总括为经、律、论三藏，经藏乃其中之一。

【经文】
如是①我闻②：

【注释】
①如是：指佛陀的言论和行动，也即经典的内容。
②我闻：指佛陀的弟子阿难所闻。

【白话】
我亲自聆听佛陀的教诲：

【评析】
"如是我闻"是佛经通常的起始语，表示真实可靠。根据史料记载，释迦牟尼寂灭后，由十大弟子中以多闻第一、博闻强记著称的阿难将佛在世时讲过的法凭记忆复述出来，再集结当时的所有高僧确认，核实无误后整理结集而成佛经。因此，一切佛经凡明示佛说，都用此开头，既是强调真实性，也是表示与外道经典之间的区别。

【经文】

一时①，佛②住舍卫国③祇树给孤独园④。一时，波斯匿王⑤及末利夫人⑥信法未久，共相谓言："胜鬘夫人是我之女，聪慧利根，通敏易悟，若见佛者，必速解法，心得无疑。宜时遣信，发其道意。"

夫人白言："今正是时。"

【注释】

①一时：佛讲法的时候。按照佛教的说法，佛无时无刻不在讲法，每一时刻都在说所有的法义，所以不具体说是什么时间。进一步说，佛教认为时间本来就是虚幻的，一定要说一个具体时间，没有什么意义。

②佛：梵语为Buddha，巴利语为Buddha，在这里指释迦牟尼佛。

佛是佛陀（Buddha）一辞的略称，佛陀的意思是"觉悟的人""觉者"。古时也写成浮屠或浮图。

在与声闻、缘觉（辟支佛）作区别的时候，则称佛为阿耨多罗三藐三佛陀（Anuttarasamyak-sambuddha）。阿耨多罗三藐三佛陀是"无上正等觉者""自觉觉他，觉行圆满"的意思。为什么如此形容佛呢？那是因为佛和阿罗汉与辟支佛不一样，他在自己觉悟的过程中，不忘救度他人，引导他人认识宇宙人生的本质。这种悟和行是完全圆满的，因此用上述诸词来形容佛。

南传佛教与原始佛教最接近，一般只将释迦牟尼佛当成佛宝来崇拜。大乘佛教认为，过去、未来、现在，十方世界有无量无边的佛。释迦牟尼佛发现世界人生的真理，并且将这真理说给世人听，这种具有完全人格者并不只释迦牟尼佛一人，而是在当下、过去和未来一直存在许多不同的佛。

实际上在原始佛教时代，释迦牟尼佛就已经不被视为惟一的崇拜对象了。相传之前有六佛出现，加上释迦牟尼佛就是过去七佛，之后将有未来佛弥勒出现。过去七佛是毗婆尸佛、尸弃佛、毗舍浮佛、拘留孙佛、拘那含牟尼佛、迦叶佛、释迦牟尼佛，与未来的弥勒佛（Maitreya, Metteyya），在《长阿含经》的《转轮圣王修行经》《中阿含》的《转轮圣王经》中都曾提及。

从原始佛教进入部派佛教，许多部派纷纷主张过去、现在、未来三世有很多佛陀出现说法，如《普曜经》《方广大庄严经》《佛藏经》等都提到有种种过去佛。《三千佛名经》说，"过去星宿劫""现在贤劫""未来庄严劫"的三劫里，各有千佛出世，在这三劫中就列举了三千个佛名。虽然佛教主张一个世界只能有一佛，两佛不能同时出现，但如果不是在同一个世界，则可能有许多佛同时出现。因而，大众部就十方遍布世界而立论提出"现在多佛说"，认为除了释迦佛出世的娑婆世界之外，十方（四方、四维、上下）的各种世界都同时有佛陀出现。大乘佛教在大众部说法上进一步发展，主张三世十方有无数佛陀出现。

按照汉传佛教的说法，任何一位佛陀都要经过三大阿僧祇劫的漫长时间，以菩萨的身份修种种波罗蜜行，圆满诸善根功德，才能彻悟成佛。藏传佛教却有即身成佛及三世、七世或十六世成佛之说。

通常认为佛有三身，三身说有很多种，一般的说法是：法身、报身、化身。依次略释如下：

（1）法身（梵语 dharma-kaya）：是将佛陀所说的真理加以人格化而形成的真理佛。最初，在原始佛教与部派佛教主张有"五分法身"，包含戒、定、慧、解脱、解脱知见等五种教法。在这种情形下的法身指"法的集积"，其中的"身"（梵语 kaya）与"身体"的"身"意义不同，是"集积"的意思，例如《佛遗教经》有佛陀言教说："自今已后，我诸弟子展转行之，则是如来法身常在而不灭也"。

到了大乘佛教时代，将遍满宇宙的法（真理）加以人格化，而将作为真理体现者的理想佛身称为法身。这并不是透过修行而证果的佛陀，而是本来自然存在的理佛。可是这个法身也不只是理法而已，而是理智不二的。在这个意义之下，法身可分为以下三种：作为教法的一种纯粹的理、这个理成为理想佛身的理佛、理之中包含智且具有任运无作之作用的佛身。一般所说的法身佛主要是第三种。

（2）报身（梵语 sambhoga-kaya）：又译为受用身，也常被称为等流身（梵语 nisyanda-kaya）。是从法界等流而来的佛身，亦即等同法界而流入的理想佛身之谓。所谓报身是指菩萨经过波罗蜜的修行完成誓愿，而得到智慧光明完全圆满的理想的佛身。称为受用身，是指受用善根功德报果的佛身，分为自受用身与他受用身两种，前者是由修行结果而得的佛果，并且自己受用自内证法门之法乐的佛陀；后者是给菩萨受用这个成就殊胜的法门而指导教化众生的佛陀。报身的说法对象是初地以上的菩萨，所说的是有关绝对真理的深奥教法，登地之前的菩萨与普通人都不是报身说法的对象。

（3）化身（梵语 nirmana-kaya）：又译为应身，有时也称为应化身。意为配合教化对象的需要，而化现出种种形象之佛身。化身不是指遍历三世十方、普遍存在的完全圆满的佛身，而是指在特定的时代与地域，为了救渡特定的人群所出现的佛。两千五百年前在印度出现的释迦牟尼就是佛之一化身，被奉为当今世界的佛教创立者。以过去六佛为始的多位佛陀以及未来的弥勒佛也都是一种化身。广义的化身又是指是佛以种种形象出现来救渡众生，所显现的形态有时候是普通人，有时候则是梵天、帝释、魔王、畜生等形态，在天、人、饿鬼、畜生、地狱等五趣之中现身说法。

关于佛德方面，佛陀具有十力、四无畏、三念住、大悲与十八不共法之性德。

十八不共法，是指声闻、缘觉、菩萨所不具备，而为佛陀独特所有的十八种功德。十八不共法有两个系统。一为小乘佛教所说，另一为大乘佛教所说。

小乘的十八不共法为：佛之十力、四无畏、三念住与大悲。所谓佛的十力是：（1）处非处智力，即辨别正确之道理与非道理的智力；

（2）业异熟智力，即如实的了知善恶业及其报果的智力；（3）静虑、解脱、等持、等至智力，即体证熟谙四禅、八解脱、三三昧、八等至等各种禅定的智力；（4）根上下智力，即如实了知众生根器之高下优劣等智力；（5）种种胜解智力，即如实了知众生种种意欲倾向的智力；（6）种种界智力，即如实了知众生的世界与性类差异的智力；（7）遍趣行智力，即如实了知依据何种修行就可进入何种境界的智力；（8）宿住随念智力，即正确的了知众生过去世命运的智力，这是佛的宿命通；（9）死生智力，即正确了知众生未来世命运的智力，这是佛的天眼通；（10）漏尽智力，即一切烦恼障都消除净尽而开悟成佛的智力，这是佛的漏尽通。

四无畏，又称为四无所畏，指佛陀对其他任何人都具有绝对的自信，对任何人的问答论难，都绝不害怕，包括：（1）一切智无畏，即佛自信是一切智者；（2）漏尽无畏，即自信一切烦恼障碍都断尽；（3）说障道无畏，即佛说烦恼与业障碍诸法时都具足自信；（4）说尽苦道无畏，即佛说这种消除烦恼与苦的戒定慧三学的修道时都具足自信。

三念住，指是佛在任何场合，都保持着纯粹正确的意识。换而言之，就是在以下三种情况，他都安住于正念正知的状态：（1）第一念住：当众生信奉佛陀时，佛不生欢喜心；（2）第二念住：众生不信奉佛陀时，佛不生忧愁心；（3）第三念住：众生同时信奉佛陀又诽谤佛陀时，佛不生欢喜心也不生忧愁心。

大悲（梵语 maha-karuna），就是佛陀恒常具有帮助众生脱离苦难的大慈悲心。

大乘的十八不共法，依据文献的不同，所列举的项目与顺序也不同。一般认为是：（1）身无失，即行为没有过失；（2）语无失，即语言没有过失；（3）意无失，即不失正念、没有思想上的过失；（4）无异想，即对一切众生都持平等心；（5）无不定心，即不会有众生之散乱不定的心；（6）无不知舍心，即没有不知众生与舍置众生的心。以上六项是由戒学而生起，是无住涅槃之必要条件。（7）信无减，即对无住涅槃具有纯正不坏的净信心;(8)欲无减,即对无住涅槃的志趣意念不减退;(9)精进无减,即在所有的场合都精进而不懈怠;(10)慧无减,即利益众生的智慧不退减;(11)解脱无减,即得到大乘解脱以后不会退减;(12)解脱知见无减,即使众生得无上涅槃的心志不退减。这六项是由定学而生起,是无住涅槃之缘;(13)身业随智慧行;(14)语业随智慧行;(15)意业随智慧行。这三者是指一切佛的身语意三业,恒常有智慧伴随、相应;(16)过去知见无著无碍;(17)未来知见无著无碍;(18)现在知见无著无碍。以上三者是说,关于过去、未来、现在的一切法,佛陀都能平等地知悉,破戏论相,即了知一切又不执著于一切。以上六项由慧学所生,是无住涅槃的当体本身。

③舍卫国:舍卫,梵语名Sravasti,巴利语为Savatthi,是古代中印度一王国的名称,意思是闻物、闻者、无物不有、多有、丰德、好道等,又因为此城多出名人,多产胜物,故又称闻物国。舍卫国本来是北憍萨罗国(梵语为Utttara-Kosala)都城的名称,为了区别于南憍萨罗国(梵语为Daksina-Kosala),而用都城名代称国名。

佛陀在世时,舍卫国由波斯匿王统治,是古印度经济文化中心。据《分别功德论》卷二载,释迦牟尼成道后在舍卫国前后居住共计25年,较住于其他诸国的时间长久。《大智度论》卷三说,佛的出生地迦毗罗卫距此不远,所以舍卫城可视为佛出生地,佛陀为报生地之恩,故多住此地。在佛教众多经典中,常常见到舍卫国的名字,而且《阿含》部之诸经、《贤劫经》《弥勒下生经》《弥勒上生经》《阿弥陀经》《文殊般若经》《金刚般若经》,及《大宝积经·郁伽长者会》等经文,都指明是在舍卫国说的。

公元5世纪初,中国求法僧法显至舍卫国巡礼时,昔日繁荣一时的都城已经颇为荒废。再经二百年,玄奘经此地时,景象更为荒芜,种种圣迹都已经成了废墟。

④祇树给孤独园:梵语名Jetavananathapindadasyarama,巴利语为Jetavananathapindikarama。位于舍卫国城南三四里,相当于今

尼泊尔南部靠近边境的拉波提河（Rapti）南岸的塞赫特马赫特（Sahet-mahet），是佛陀说法遗迹中最著名的一个，在经典中经常略称为祇洹精舍、祇园精舍、只陀园、只陀林、只桓寺、祇树、祇园等。祇树，是"只陀太子（梵语为Jeta）所拥有之树林（梵语为Jetavana）"的略称；给孤独园，意谓给孤独长者（梵语为Anathapindada，即须达）所献之僧园。

关于给孤独园创建的由来，据北本《大般涅槃经》卷二十九记载：舍卫城首富须达多长者（梵语为Sudatta）向来心地慈悲，怜悯孤独贫苦之人，好作善事，经常布施，所以时人尊称给孤独长者。他皈依佛陀后，一直想找一个地方为佛陀建筑精舍，后来见到只陀太子的花园颇为清净，位置也很理想，就想购买，却被太子拒绝。给孤独再三请求，并表示为了供养佛陀不惜重金。太子为了使长者却步，就以黄金铺满花园作为出售的条件，不料，须达长者真的以大象驮来黄金铺地。太子被其诚心所感动，就将花园供奉给佛陀，所以花园就以二人名字共同命名为祇树给孤独园。又太子是憍萨罗国波斯匿王之子，诞生之日波斯匿王大破敌军，所以以"胜"为太子取名；树林为太子胜所有，故又称祇园为胜林、胜子林、胜子树。精舍竣工后，佛陀曾在此度过许多雨季，许多的经典都以这里为演说地点。祇树给孤独园与王舍城之竹林精舍并称为佛教最早之两大精舍。

⑤ 波斯匿王：梵语为Prasenajit，巴利语为Pasenadi。佛陀时代中印度舍卫城城主，意译胜军王、胜光王、和悦王、月光王、明光王，和佛陀同一天出生，其父为梵授（Brahmadatta，又作摩罗）。波斯匿王曾游学于呾叉始逻国，成年后继承王位，统领憍萨罗国和迦尸国，国威强盛，与摩揭陀国并列为古印度强国。

又依《增一阿含经》卷二十六所载，释迦牟尼成道后不久，波斯匿王即位，想娶释迦种族之女。释迦种族的首领摩诃男选了一名婢女冒充，被波斯匿王立为第一夫人，生子名毗琉勒，为后来领兵消灭释迦种族的人。此外，波斯匿王将其妹韦提希夫人及女儿胜鬘夫人分别嫁给摩揭陀国的频婆娑罗王、阿踰阇国的友称王。

波斯匿王最初性情凶暴，后来受末利夫人的引导笃信佛法，为当时佛教之重要护法者之一，其名字屡见于初期佛教经典中。关于其生卒年月，说法不一，难以确定。

⑥末利夫人：末利，梵语名 Mallika，巴利语名同此。也常常称作摩利夫人、摩利迦夫人，意译为胜鬘夫人，中印度迦比罗卫城人，幼名明月，父亲为摩纳婆，母为婆罗门种，父亲去世后，沦为摩诃男（巴利语为 Mahanama）之婢女，被派去看守末利园。释迦牟尼佛入城乞食时，她见佛相貌庄严而生起信心，就以食物恭敬供养，并在佛前祈愿摆脱奴婢身份成为国王夫人。恰巧不久之后波斯匿王带兵游猎，因天气酷热而入末利园中避暑。末利把波斯匿王领到凉爽处，并把自己的衣服铺在地上让他坐，照顾得很周到。波斯匿王十分满意，认为难得这么一位聪明体贴的女子，就纳她为夫人。因她来自末利园，所以称为末利夫人。

【白话】

那时候，佛陀住在舍卫国的祇树给孤独园精舍，当时波斯匿王为舍卫国国王，与王妃末利夫人刚刚皈依大乘佛教不久。

一天，波斯匿王与末利夫人商量说："我们的女儿胜鬘夫人生来聪慧，根器锐利，通达明敏，善解能悟。如果能见到佛陀，她必能迅速深刻地理解并虔心信奉大乘教法，消除心中所有的疑惑。最好我们现在就给她写一封信，使她生起亲近正法的道心。"

末利夫人跟着说："好啊，现在正是时候。"

【评析】

按照传统的说法，佛经一般都分为三个部分，即：序分、正宗分、流通分。序分，是讲法会发起的缘起；正宗分，是正式说法的部分；流通分，是说所讲的法，不只是要当时在场的众生听到，还要使其他地方和未来的众生都能听到，所以在讲完法以后，还要求弟子宣讲、传播，广泛流通这部经。

基本上，每一部经的开始都是序分。本经也不例外，从这里开始，就进入了序分。根据龙树的《大智度论》所说，为了证实佛经的可信性，序分一般要说"时""方""人"等，大体相当于记叙文的六要素中的时间、地点、人物，分别对应于"一时"，下面要说的"阿踰阇国"，说法之人佛陀和胜鬘及听法之人胜鬘的眷属及天龙八部等，至于事件、原因、结果等三要素则在后文中出现。

下文中将说胜鬘一见闻佛法，就能深悟一乘，为什么呢？这里已打好伏笔，波斯匿王说女儿"聪慧利根，通敏易悟，若见佛者，必速解法，心得无疑"，胜鬘具有过人智慧是一重要因素，当然还有其他原因，后文会说明。

此经出现的时间应当在《大法鼓经》之后不久，因为《大法鼓经》是佛陀在舍卫城为波斯匿王所说，波斯匿王也就是在那时才信仰大乘，所以这里说"波斯匿王与末利夫人信法未久"。但是如果按照《中阿含经》所说，波斯匿王信奉小乘时间已很久，可以推断这里说的"信法未久"之法，应该指大乘法。又，《楞伽经》第四卷称，"我以神力建立，令胜鬘及二智满足诸菩萨等，宣说如来藏及识藏"，又说"胜鬘夫人承佛威神力说如来境界"，由此可知，《胜鬘经》的结成时间应当在《楞伽经》之前。

【经文】

王及夫人与胜鬘书，略赞如来无量功德，即遣内人①名旃提罗②，使人奉书至阿踰阇国③。入其宫内，敬授胜鬘。胜鬘得书，欢喜顶受④，读诵受持⑤，生希有心，向旃提罗而说偈⑥言：

"我闻佛音声，世所未曾有。

所言真实者，应当修供养。

仰惟佛世尊⑦，普为世间出。

亦应垂哀愍，必令我得见。"

【注释】

① 内人：王宫中的内监，也即平常说的太监。

② 旃提罗：字面意思是太监，此处指人名。

③ 阿踰阇国：是憍萨罗的东都，是"不可克"的意思。该国国王为友称王，是胜鬘夫人的丈夫。这个国家也是波斯匿王的属地。

④ 顶受：顶戴接受，指以很恭敬的心情接受。

⑤ 受持：心中领受并记住不忘。

⑥ 偈：梵语 gatha，有时也译作伽陀、偈陀。偈与诗的形式相同，是以每句五言或七言表现的韵文，一般以四句为一偈。

⑦ 世尊：如来十号之一，意思是普为世间所尊重者，也指世界中之最尊贵者。如来有十种称呼，分别是：（1）如来、（2）应供、（3）正遍知、（4）明行足、（5）善逝、（6）世间解、（7）无上士、（8）调御丈夫、（9）天人师、（10）佛、（11）世尊等11个。在这11个中除去第一号"如来"，就是如来十号，这是其中一说。另一说则是将最末两号"佛"与"世尊"合称为一项，这样也是如来十号。

【白话】

于是，波斯匿王和夫人共同给女儿胜鬘夫人写了一封信，信中赞叹如来的无量功德，然后差遣宫中名叫旃提罗的内侍带上书信前往阿踰阇国皇宫献给胜鬘夫人。

胜鬘夫人得信后十分高兴，很郑重地读完信，深信父母所说，并且立即记住了信中的深意，由此开启了往世的智慧，对佛陀生起了稀有难得的信心。于是，胜鬘夫人对信使旃提罗以偈颂的形式说道：

"我在信中知道佛所讲的理义实在是这个世界上从来没有过的！旃提罗，如果父母所说的是真的，我应当供养给你财物。希望为普渡众生才出现于世间的佛世尊也要哀愍于我，一定要让我能够见到啊！"

【评析】

由波斯匿王和末利夫人引见，本次法会的主角终于露面。胜鬘夫人善根深厚，所以一见到父母的书信，立刻生起信心，萌发了向往佛道的意愿。

在印度，遇到尊长总是说偈赞叹。旃提罗代表胜鬘的父母前来，所以胜鬘也对他说偈。"应当修供养"一句，原意是"我当与汝衣"，为胜鬘对旃提罗所说。"供养"一般是对长辈或尊者而说，对于平辈或下辈，有时也可以自谦说成"供养"。

【经文】

即生此念时，佛于空中现，
普放净光明，显示无比身。
胜鬘及眷属，头面接足礼①，
咸以清净心，叹佛实功德。

【注释】

① 头面接足礼：古印度表示尊敬的最高礼节。头、双手、两足着地，俯伏地下，用自己的头面接触对方的脚背，表示极度尊敬。

【白话】

胜鬘心中刚刚生起这样的念头，佛陀就在空中显现出来，清净而光明，普照十方，身相庄严殊胜，无以伦比。胜鬘和宫中的仆人五体投地在佛陀脚下叩首，以清静心赞叹佛的真实功德。

【评析】

佛经中，佛的显现形式有许多种，有时和普通人一样，如《金刚经》中所描写的；有时显示殊胜相，如《法华经》中的放光相："眉间白毫，大光普照"。仅以放光相为例，又有多种形式：或从头顶上，或从眉间，或从面部，或者全身放光，以此来显示说法的殊胜，有时也表征所说义理的性质和内容的高妙。

那么，为什么胜鬘夫人刚有见佛的念头，佛就"于空中现，普放净光明，显示无比身"呢？如果结合本经所讲的道理来看，可以这样理解：此乃如来藏义理的形象化。众生都有如来藏，胜鬘夫人当然不例外。按照佛教的认识，由于她往昔善根深厚，烦恼轻微，所以一见到父母的书信，就唤起夙世的空性智慧，如来藏遂即得以显现。又因为如来藏是佛的境界，所以说"佛于空中现"，可以理解为从空性中显现。佛的境界清净、光明、大悲周遍，所以称"普放净光明，显示无比身"。

至此，序分结束，下面就进入到正宗分。

【经文】

"如来妙色身，世间无与等，无比不思议，是故今敬礼。
如来色无尽，智慧亦复然，一切法常住，是故我归依①。
降伏心过恶，及与身四种，已到难伏地，是故礼法王。
知一切尔焰②，智慧身自在，摄持一切法，是故今敬礼。
敬礼过称量，敬礼无譬类，敬礼无边法，敬礼难思议。
哀愍覆护我，令法种增长，此世及后生，愿佛常摄受！"

【注释】

① 归依：常写为"皈依"，梵语为 carana，巴利语为 sarana，有归投、仰仗、依托的意思。佛教之归指归依佛、法、僧三宝，依三宝的功德威力，能使皈依者的心得到无限安慰而脱离苦恼。所以《俱舍论》卷十四云："归依以何为义？救济为义，由彼为依，能永解脱一切苦故。"对于佛教徒来说，皈依是进入佛法领域的门户，也是研究佛学的通道。

②尔焰：为梵语 jneya 的音译，指心能觉了的境界。声明、工巧明、医方明、因明、内明等五明都是能够生起智慧的境界，称为尔焰。

【白话】

如来微妙的色身，在人世间是无与伦比，的的确确不可思议，所以我虔诚顶礼。如来的化身无穷无尽，如来的智慧也是无有边际，如来的法身智慧常住不坏，所以我要皈依。如来已经降服了心的种种过失和身的四种过失，一切烦恼均被降服，成为诸法之主，所以我至诚顶礼。如来明了一切境界，智慧圆满，得大自在，能够掌握并切实实践一切真理，所以要恭敬顶礼。佛的智慧功德难以称量，一切比喻不能形容，佛法无边无际，涵盖世间万事万物，超越常人的想象，所以我要虔诚顶礼。祈请佛陀哀愍我，祈请佛陀庇护我，使我心中正法的种子增长，在今世和后世，祈愿佛陀慈悲一直摄受我。

【评析】

从这里开始进入正宗分。

皈依、受戒、发愿、修行，这是佛教修行共道的过程，此处描写胜鬘的皈依。胜鬘先赞叹佛的功德，然后在末尾说"哀愍覆护我""愿佛常摄受"，来表达请求皈依的强烈愿望。《胜鬘经》重点在于阐发一乘和如来藏的道理。但按照佛教修行的次第来看，进入一乘，不只是见地上的事，还需要真实行持的基础。本经篇幅虽然不大，却把这个行持的过程体现出来，胜鬘夫人就是身体力行者的一位典型。

初四句是赞叹佛的化身。此时，佛的化身以色身显现，所以说妙色身。

下面四句赞叹佛的法身。按照一般说法，佛有法、报、化三身，法身重在说明空性，可以统摄三身；报身重在说明佛的清净光明，是自受用身；化身是佛的大悲的体现，是他受用身。这四句就可以看作从这三个方面赞叹的："色无尽"即说明佛的化身无量，化身仍属色身，是应众生的需求各处显化；"智慧亦复然"，是说佛的法身遍满法界，因为一切都是空性智慧的显现；"一切法常住"，是指佛的报身具备无量功德，永不坏失。只有这里，才可以作为真正而永久的皈依处。

再下四句赞叹佛的解脱功德。

再下四句赞叹佛的般若智慧。佛的般若智慧深广无边，对一切境界无不圆满通达，佛明了宇宙人生的一切真理，也能够完全实践这些真理。

再下面四句是称叹佛之功德的总结。因为佛的功德不可称计，所以只能以三个无穷概念总结一下，不再细说。

最后四句，是求佛摄受，这也是皈依后经常要说的一句话。

偈翻译成白话，难以尽显偈的意蕴，就像唐诗宋词翻译得再好，也不能彰显其原有的旨趣一样，这里只是把大概意思翻出来。

【经文】

"我久安立①汝，前世已开觉②。

今复摄受汝，未来生亦然。"

【注释】

① 安立：施设的意思，指佛以正法教导众生，循循善诱，使众生心中树立起佛法的观念并安住在佛法中。佛对众生讲大乘法，劝导众生发菩提心，修菩萨行，普渡一切有情，便是使众生安立于大乘。

② 开觉：开悟。

【白话】

佛对胜鬘说："我把你安立在佛法中很久了，你前世就已经开悟。我现在再次摄受你，在未来仍然摄受你。"

【评析】

这里佛说"我久安立汝，前世已开觉"，又说出了一个胜鬘能一见闻佛法即深悟一乘的原因。纯净而强烈的信念引发宿世的智慧显现，胜鬘故能作狮子吼演说一乘的深奥道理。

【经文】

"我已作功德①，现在及余世。
如是众善本，唯愿见摄受。"

【注释】

①功德：梵语为 guna，指功能福德，也就是行善修行所获的果报。

【白话】

胜鬘听了佛陀的指示，知道自己过去世中长期修学，于是对佛说："我过去确实已做过许多功德，现在和将来还要继续去修功德。以此善因缘，只希望能得到佛陀的摄受。"

【经文】

尔时，胜鬘及诸眷属，头面礼佛。佛于众中，即为授记①："汝叹如来真实功德，以此善根②，当于无量阿僧祇劫③，天人之中为自在王，一切生处，常得见我，现前赞叹，如今无异。当复供养无量阿僧祇佛，过二万阿僧祇劫，当得作佛，号普光如来应正遍知④。彼佛国土，无诸恶趣⑤、老病衰恼、不适意苦，亦无不善、恶业道名。彼国众生，色、力、寿命、五欲⑥、众具皆悉快乐，胜于他化自在诸天⑦。彼诸众生，纯一大乘。诸有修习善根众生，皆集于彼。"

胜鬘夫人得受记时，无量众生，诸天及人愿生彼国，世尊悉记皆当往生。

【注释】

① 授记：梵语为 vyakarana，巴利语为 veyyakarana。有时也写作受记、受别、记别等。本意是专指佛陀分析教说，或以问答的方式解说教理；后来转指佛陀的弟子所证果位或死后之生处；再后就专指未来世证果及成佛名号的预言了，所以，这里主要指证言未来成佛的意思。授记中最著名的，莫过于释迦牟尼佛在过去世得燃灯佛的授记和弥勒曾经得释迦牟尼佛之授记。关于为何授记，《金光明最胜王经疏》卷六举出三种原由：（一）菩萨多修功德，证得法性，故授记；（二）修证阶位较浅之小菩萨，其成佛之种性尚未决定，时或生疑，为去除其疑，坚固其道心，乃为之授记；（三）令向往佛果者见此授记，信心增强，坚信自己未来亦可获得此成佛之授记。

② 善根：梵语为 Kucalamula，巴利语为 Kusalamula，又称善本、德本。指能生出善法的根本。将"善"以树根为譬喻，故名善根。如果依《俱舍论》所说，善根是指佛教修行者进入见道位时能生无漏智的根本。《入阿毗达磨论》卷上云"能为根，生余善法，故名善根"。同书又举出善根的种类，说"善根有三种：（一）无贪，是违贪法；（二）无嗔，是违嗔法；（三）无痴，是违痴法"。此三者称为"三善根"，为善之自性，也是对治"三不善根"的三种心所。

③ 阿僧祇劫：阿僧祇，《华严经》中说到数目的时候，说阿僧祇是数字的第一百二十六位，但在其他地方多用作极大或不可数之数，并不指特定的数目。劫，梵语为 kalpa，巴利语为 kappa，古代印度的时间单位，经常泛指极长的时间。字面意为分别时分、分别时节、长时、大时、时。

劫又分为大劫、中劫、小劫等三种不同的时间长度。小劫是这样定义的：小劫之初，人的寿命为十岁，每过一百年，人的寿命就增长一岁，这样一直到人的寿命增长到八万四千岁，然后每一百年人寿减一岁，一直到人寿为十岁，共经过一千五百九十万八千年，为一个小劫。二十个小劫为一个中劫，计三亿一千九百九十六万年。四个中劫为一个大劫，共计十二亿七千九百八十四万年。在佛经中，为各大劫都起了一个特有的名称，依过去、现在、未来三世来分，现在所在的劫称为贤劫，过去的称为庄严劫，未来的称为星宿劫。

此外，又有四种劫的说法，即坏劫（梵语为 samvarta-kalpa）、成劫（梵语为 vivarta-kalpa）、中劫（梵语为 antar-kalpa）、大劫（梵语为 maha-kalpa），这是按照世界从形成到毁灭的阶段划分的，每一劫分别是一中劫，总合四中劫为一大劫。

④ 如来应正遍知：全称应该是如来应供正遍知，是佛的十种称号中的三种。

如来，梵语为 tathagata，巴利语同。又叫作如去，佛的十号之一，是对佛的尊称。梵语 tathagata 可分解为 tatha-gata（梵语意为如去）、tath-agata（梵语意为如来）二种。如果按照前者解释，就是乘真如之道往于佛果涅槃的意思，所以称为如去；如果按照后者解释，则是由真理而来（如实而来）成正觉的意思，所以称如来。佛陀就是乘真理而来，由真如而现身，所以尊称佛陀为如来。

应，应供的简称，梵语为 arhat 或 arhant，巴利语为 arahat 或 arahant，也为佛的十号之一。指断尽一切烦恼，智慧福德圆满，应该受一切人、天以种种香、花、璎珞、幢幡、伎乐等供养并尊敬者。

正遍知，梵语为 asmyak-sam buddha，音译作三藐三佛陀，同为佛的十号之一。三藐，正的意思；三，是遍的意思；佛陀，遍知、觉悟的意思。正遍知,和而称之就是真正遍知一切法。这里应该指出一个区别，梵语 samyaksambodhi，音译作三藐三菩提，旧译为正遍知、正遍知道，新译为正等觉、正等正觉。二次有相异之处，极易混淆，"菩提"是就法而言，"佛陀"则是就人而言；故三藐三菩提译为"正遍知""正等觉"比较合适，而三藐三佛陀则应指"正遍知者""正等觉者"。

⑤恶趣：梵语为 durgati，巴利语为 duggati，又称作恶道，与"善趣"互相对称。趣，为往到之义。恶趣即由恶业所感而应到的处所。一般以地狱、饿鬼、畜生三趣称为三恶趣，为纯粹恶业趣往之处；其中，依嗔恚趣往地狱，依贪欲趣往饿鬼，依愚痴趣往畜生。相对于三恶趣，阿修罗、人、天等三趣称为三善趣，为行善业者所趣往之处。上述六趣合起来称为六道。此六道若以现实人生取譬，嗔恚即为地狱，贪欲即为饿鬼，愚痴即为畜生，斗争即为阿修罗，喜、悦则分别为人间、天上。

⑥五欲：梵语为 panca kamah，巴利语为 panca kama。指由于痴迷于色、声、香、味、触等五种外在境界所起的五种情欲：（一）色欲，指男女的形貌端庄及世间种种宝物玄、黄、朱、紫等种种妙色能使众生产生执着心；（二）声欲，指丝竹与环佩的声音以及男女歌咏等美好的声音能令众生着迷；（三）香欲，指男女身体的香气以及世间一切诸香能让众生沉迷；（四）味欲，指各种美味佳肴能驱使众生贪求不已；（五）触欲，谓男女的身体有柔软细滑、寒时体温、热时体凉及衣服等种种美好触觉能使众生永不满足地追求。

⑦他化自在天：梵语为 Para-nirmita-vasa-vartin，巴利语为 Para-nimmita-vasa-vattin，天界之一。

在六道中，佛教把天道又分为欲界六天，色界十八天，无色界四天。他化自在天为欲界最高处的第六天，又叫他化乐天、他化自转天，简称自在天、他化天、第六天。这一层天的生命能于他所变化的各种境界自在受乐，因而得名。如《俱舍论》卷十一云："有诸有情乐受他化诸妙欲境，彼于他化妙欲境中自在而转，谓第六他化自在天。"他化自在天位于距大海一百二十八万由旬的虚空之上，疆域与忉利天相同，长宽都是八万由旬，居住有危害正法的天魔及其宫殿，《大智度论》卷十说"魔王常来娆佛，又是一切欲界中主，夜魔天、兜率陀天、化乐天皆属魔王……魔是他化自在天"。

此天天众一出生就像人间十岁的孩童，相貌圆满，衣服自备，寿命长达一万六千岁，身高可至十六由旬，衣服长三十二由旬，宽十六由旬，质地又轻又软。他们食用自然食，男女互相对视即生成乐意，应一个念头就可化生出后代。总而言之，他化自在天至少在三个方面比娑婆世界优越，那就是——长寿、端正、多乐。所以，此处佛陀预言胜鬘未来成佛的国土比他化自在天还要胜出许多，可见其成佛的殊胜。

【白话】

说完，胜鬘带领所有眷属再次五体投地，虔诚地顶礼膜拜佛陀。佛在大众中对胜鬘的未来成就做出预言："你能赞叹如来真实功德，便已经种下宝贵的善根。凭此善根，你会在未来不可思议无数无量劫中，成为天道众生的自在王，无论生在哪里，都会见到我，就像现在一样可以现前赞叹佛陀功德。你还会供养无量无数世界的无量无数的佛陀，经过二万阿僧祇劫的时间必定成佛，佛号为"普光如来应供正遍知"。在你教化的佛土中，众生不会投生到地狱、饿鬼、畜生等恶道，也没有人世间的老迈、疾病之苦，没有天道中的衰败、忧恼之苦，同样没有其他种种让众生不适之苦，更没有恶业之名和产生种种恶业的一切因缘。在你教化的佛土中，众生相貌清净庄严，精力充沛，寿命很长，能够充分享受一切美丽的景象，一切婉转妙音，一切芬芳，一切美味佳肴和一切美妙适意的身体感觉。这些快乐远胜过他化自在天等天界的舒适。尤其重要的是，这里的众生全都诚信大乘佛法。修习善根功德的众生都聚集在这里。"

胜鬘夫人接受佛的预言时，在场的眷属及其他无量无数众生、一切天和人类都发愿修习大乘佛法，未来前往胜鬘夫人所教化的普光如来国土。佛陀慈悲加持，预言他们的愿望未来都可以得到满足。

【评析】

佛为胜鬘夫人授记是从因和果两个方面来说的。

从因上看：胜鬘夫人先要经过无量阿僧祇劫，在天人中为自在王。以菩萨的果报来说，多是在天道受报，而且做天王，如成就十信为铁轮王，成就十住为铜轮王，成就十行为银轮王，成就十回向为金轮王。在十地中，达到初地为四大天王，二地为忉利天王，三地为焰摩天王，到十地菩萨为四禅天王。在做天王期间，可以经常见到佛，供养佛。按照一般说法，天王再过二万阿僧祇劫，就可以成佛了。需要说明的是，佛教的时间观与我们通常所理解的完全不同。佛教认为宇宙是动态的全体相，过去、现在和未来都在当下存在。认为时间是一种单向而不可逆的存在，是由于我们的意识呈现这种运动状态而将整体性的时间局部割裂的结果。既然时间由主观世界排列和建构，也就不是一成不变，故阿僧祇劫的长短在不同个体有所不同，于佛，不过一念间，于凡人，就是千万亿年。春宵苦短，牢狱日长同于此理。

从果上说：佛陀分别从胜鬘成佛时的名号、化土的殊胜、化土众生的殊胜和教法的殊胜等几个方面来赞叹，并且授记所有发愿往生这个国土地的众生，也都授记可以如愿。因为这些众生和因位中的菩萨——胜鬘有密切因缘，胜鬘将以种种法门教化摄受他们，他们也愿意一直追随胜鬘，故发愿往生胜鬘未来成佛的国土。

【经文】

尔时，胜鬘闻受记已，恭敬而立受十大受①：

"世尊！我从今日乃至菩提②，于所受戒，不起犯心。

世尊！我从今日乃至菩提，于诸尊长，不起慢心③。

世尊！我从今日乃至菩提，于诸众生，不起恚心④。

世尊！我从今日乃至菩提，于他身色⑤及外众具⑥，不起嫉心。

世尊！我从今日乃至菩提，于内外法⑦，不起悭心⑧。"

【注释】

① 十大受：与下文的三愿及"摄受正法"同属于大乘愿行，又称十大戒或十弘誓。戒与誓是相关的，从形式上而言，戒是约束规定，誓则是保证规定得到遵守。遵行规定就是切实实践，称为行；立誓受戒就是决心和态度，也即愿。简而言之，大乘菩萨的行愿就是与此相符的戒和誓。

② 菩提：梵语为 bodhi，巴利语同，指佛的智慧。菩提有三种：（1）阿罗汉所得的声闻菩提；（2）独觉所得的独觉菩提；（3）佛所证得的佛菩提。

佛教理论认为，修行道路上有两大障碍，烦恼障和所知障。前者是指扰乱身心，妨碍证到涅槃的一切烦恼，后者指覆盖所知境界而妨碍正确知见产生的一切烦恼，二者并称为二障。上述三种菩提中，前两个是只断除烦恼障而证得的菩提，佛菩提则是一并断除烦恼、所知二障而证得的，最为究竟而无人能超越，所以又称为阿耨多罗三藐三菩提、阿耨菩提、无上正等菩提、无上正等觉、无上正真道、正等菩提、等正觉、正觉等、无上菩提、无上道。这里胜鬘专指成就佛果。

③ 慢心：梵语为 mana，巴利语同。即比较自己与他人的高低、胜劣、好恶等而产生的轻蔑、自恃之心。

佛教主张谦虚恭敬，尤其对于尊长，如阿阇黎、大德、和尚以及父母、师长等都要恭敬，绝不能有轻慢之心，否则就会成为修学的障碍。

④ 恚心：梵语为 pratigha 或 dvesa，巴利语为 patigha 或 dosa。憎恨、愤怒之心。菩萨的目的是度化众生，其本质表现在慈悲心上。若有忿恨、恼怒、为害的用意，便失去菩萨本怀，不能够摄受众生。六度之忍辱就是针对克制嗔恚之心而提出。小乘修行人特别要提防贪心，贪心障碍出离世间；菩萨道修行人则需特别防治恼怒心。

⑤ 身色：指面貌美丽，身体健康。

⑥ 外众具：指优越的生活条件所必备的衣服、饮食、住宅等各种用具。

⑦ 内外法：内法，指佛法；外法，指世俗间的各种学说和技能。

有时内法指自己的身体,外法指身外的一切财物。

⑧悭心:梵语为 matsarya,指对财物、妙法等的悭吝心理,实质是贪心,共有五种:住处悭、家悭、施悭、称赞悭、法悭等,分别指对住处、家宅、布施、称赞、法义等心存独占的欲望。此外,财悭、法悭即指吝啬财物与教法而不愿施舍,称作二悭。

佛教主张施舍,布施排在六度之首。布施能使人远离贪心,如对佛、僧、贫穷人布施衣、食等物资,必能招感幸福之果报;又,向人宣说正法,令其得到功德利益,是为法布施;使人离开种种恐怖,称为无畏施。这三种布施为菩萨所必行,是达到菩萨四无量心的前提。

【白话】

胜鬘夫人接受佛的预言后,恭敬地立于佛前,发愿接受恒持菩萨十大戒律。她说道:

"世尊!从今天起,直至我修行圆满彻悟成佛为止,我都会对佛所授的一切戒律时时警惕,不起一点毁犯之心。

世尊!从今天起,直至我修行圆满彻悟成佛为止,我都会对一切尊长心怀恭敬,不会生起一点骄慢之心。

世尊!从今天起,直至我修行圆满彻悟成佛为止,我都会对一切众生心怀慈悲,不生一点嗔恚之心。

世尊!从今天起,直至我修行圆满彻悟成佛为止,我都会对一切众生所享有的富贵、美丽、健康和种种快乐由衷地祝福不起一点嫉妒之心。

世尊!从今天起,直到我修行圆满彻悟成佛为止,我都不会对身内身外之物乃至包括佛法在内的一切知识理论,生起一点悭吝之心。"

【评析】

本段开始讲胜鬘夫人接受大乘菩萨所应始终遵守的十大戒律,在这段经文中提到了五项。佛教中的"戒"是防非止恶的意思，不但恶事不可做，就是恶的念头也不许有，所以"戒"是内心自发性地持守规定，属于精神的、自律的。"律"则指为维持教团秩序而制定的种种条款及违犯规定之处罚原则，属于形式的、他律的。尽管戒与律本来的意义不同，然而二者并非分离而行，而是平行地共同维持教团之秩序。"戒律"并用，就指维持佛教教团之道德性、法律性的规范，既与个人息息相关，也与群体密不可分。

戒律有通戒与别戒的区别。信仰佛教的七种群体——比丘、比丘尼、沙弥、沙弥尼、正学女、优婆塞、优婆夷等所受的戒都属于别戒，每一群体所受之戒各不相同。菩萨戒是通戒，任何人都可以得受，只不过多是要求先受一种别戒为基础。菩萨戒的内容为三聚净戒，即摄律仪戒、摄善法戒、饶益有情戒。摄律仪戒主要是指有积善止恶功能的戒，摄善法戒主要是指誓愿实践一切善法之戒，饶益有情戒主要指能利益众生的戒。七种别戒的内容基本属于摄律仪戒。除内容以外，菩萨戒与七众戒还有许多不同之处。比如，菩萨戒一旦受持，就永远不会失去，生生世世都在，而七众戒只是尽形寿也就是终此一生受持的，一旦犯了重戒，戒也就随之失去了；再比如，菩萨戒不是从外得的，而是自心的显现，七众戒都是由戒师传给的，等等。

在这里，胜鬘不由佛说而自己在佛前发誓受戒，这就是佛教所说的"自誓受戒"。受戒不注重形式，这也是菩萨戒的特色之一。

这里的五条都是制止恶业的戒，属于摄律仪戒。七种别戒都以杀生、偷盗、邪淫、妄语为重戒，菩萨戒中的重戒都是指严重违背菩提心的行为。菩萨戒对身、口的恶业不是不禁止，而是认为这些戒相对于违背菩提心的行为不算严重。胜鬘在佛前所受的这几条戒基本通于瑜伽菩萨戒的四他胜处法，即瑜伽菩萨戒中的四条重罪。他，指犯戒的心理和行为，被他所胜，就是犯戒。依照佛教理论，众生有五毒——贪、嗔、痴、慢、妒，在此涉及到四个，悭即贪，恚即嗔，妒即嫉，慢与上面所说相同，能在四个方面努力对治，痴就会慢慢减少，最终由修行得到的智慧完全破除。其实，菩萨所修行的"四无量心"——慈心、悲心、喜心、舍心正是专门对治这四种心态的,大致相当于:舍对悭,慈对恚,悲对慢,喜对妒。由此,亦可对小乘与大乘的区别窥见一斑。

【经文】

"世尊!我从今日乃至菩提,不自为己,受畜财物。凡有所受,悉为成熟贫苦众生。

世尊!我从今日乃至菩提,不自为己,行四摄法①。为一切众生故,以不爱染心②、无厌足心、无挂碍心摄受众生。

世尊!我从今日乃至菩提,若见孤独幽系③疾病,种种厄难④困苦众生,终不暂舍。必欲安隐⑤,以义饶益,令脱众苦,然后乃舍。

世尊!我从今日乃至菩提,若见捕养众恶律仪⑥及诸犯戒,终不弃舍。我得力时,于彼彼处见此众生,应折伏者,而折伏之,应摄受者,而摄受之。

何以故?以折伏摄受故,令法久住。法久住者,天人充满,恶道减少。能于如来所转法轮⑦,而得随转。见是利故,救摄不舍。"

【注释】

① 四摄法:梵语为 catvari samgraha-vastuni,巴利语为 cattni samgaha-vatthuni。大乘佛教提倡以四种行为摄受众生,使众生产生亲近感和欢喜心,从而皈依佛教。四摄法又叫做四摄事、四事摄法、四集物,简称四摄、四事、四法,依序为:(一)布施摄(梵语为 dana-samgraha),在此又分为法施和财施。自然而然地向别人讲授自己所闻知的佛法,是法施。财施,顾名思义,就是施舍财物。即若有众生喜欢财物,就给其提供财物,如果喜欢法,就给其宣讲佛

法，自然会使众生生起亲近心；（二）爱语摄（梵语为priya-vadita-samgraha），菩萨依据众生的特点而善言抚慰；（三）利行摄（梵语为artha-carya-samgraha），从行为、语言、思想三方面做善事，利益众生；（四）同事摄（梵语为samanarthata-samgraha），亲近众生，和他们共同享受快乐，分担痛苦，并且以菩萨特有的智慧观察众生的根性而随其所好示现同类的形象，使其同沾利益。菩萨运用以上四法，可使众生心生欢喜，乐意跟随菩萨修学佛法。所以，菩萨济度众生必须先实践此四摄法，使众生爱我敬我信我，然后方能听从劝导修行佛道。

②不爱染心：爱染，是指贪爱各种事物并执着追求，在佛教称为"染污之心"。所谓"染"，是对世间诸种事物执着之心的总称。不爱染心，是指菩萨没有被私欲和贪爱染着的心态。

③孤独幽系：孤，幼年失去父母；独，老年没有子女；幽，被幽禁于牢狱之中；系，被枷锁、锁链所捆绑束缚。

④厄难：指刀兵水火的灾难。

⑤安隐："隐"同"稳"。这里是使动用法，"使之安稳"的意思。

⑥恶律仪：恶之律仪，与"善律仪"相对，指为了自己的存活或利益而作屠杀等对众生有害的行业。北本《大般涅槃经》卷二十七说恶律仪有十六种：（一）为利饲养羔羊，养肥后转卖；（二）为利买羊屠杀；（三）为利饲养猪豚，长成后转卖；（四）为利买猪屠杀；（五）为利饲养牛犊，长成后转卖；（六）为利买牛屠杀；（七）为利养鸡，并予转卖；（八）为利买鸡屠杀；（九）钓鱼；（十）猎师；（十一）抢劫；（十二）刽子手；（十三）网捕飞鸟；（十四）搬弄是非；（十五）狱卒；（十六）咒龙，指用咒术指挥蟒蛇等，供人观赏戏乐，以此换取钱财以自活。

⑦转法轮：法轮，梵语为dharmacakra，巴利语为dhammacakka。意指佛法，又称作梵轮，或宝轮。转法轮形容佛陀说法如同转轮圣王治天下时转宝轮降伏众魔，能摧破众生的恶行，济度一切众生。所以在佛经中称佛说法为转法轮，而佛最初说法的经典也叫做《初转法轮

经》。用现代语言来说，转法轮就是宣扬佛的言教，使众生依法实践，使社会真正奉行佛教的价值观念。

【白话】

"世尊！今天起，直至我修行圆满彻悟成佛为止，我都不会为自己而接受和积蓄任何财物。如果有接受他人财物的情况，也一定是为了给贫苦众生种下善根，并帮助他们积累功德而趋于解脱。

世尊！从今天起，直到我修行圆满彻悟成佛为止，我都不会为了自己而去行布施、爱语、利行、同事四法。如果我施行这四种方法，目的一定是为了众生。我一定以无私、无偏爱、无挂碍之心平等地对待他们，永不停息地在佛法大道上指引一切有缘众生。

世尊！从今天起，直到我修行圆满彻悟成佛为止，只要见到孤独无亲、无依无靠的人，一切身陷囹圄之人，一切被疾病折磨的人，以及一切遭受灾厄在困苦中挣扎的人，我都不会视而不见，一刻也不会置他们于不顾，我一定要使他们身心安定，从佛法道理中受益，给他们种下出世之乐的种子，直到他们从众苦中解脱为止。

世尊！从今天起，直到我修行圆满彻悟成佛为止，只要见到有人做捕猎杀生、豢养猪羊等有害于众生之事以及种种违犯禁戒的人，我都不会熟视无睹。我要从佛陀的教诲汲取力量，精进修行。当我道行深厚时，就能够以威猛之力摧伏这些恶人、恶事，或用道德感化这些众生，使他们幡然醒悟放弃恶行，然后引导他们实践佛法。

为什么要这样做呢？因为只有战胜诸如此类的恶人、恶事，引导众生趣入佛道，才能使佛法长久住世。正法久住世间，善因善果相袭相长，世间方会充满天、人，地狱、饿鬼、畜生等恶道生灵才会越来越少。如此，才能保证佛陀宣讲的有关宇宙人生的真理流布世间，利益广大众生。正因为我明了佛法流传的巨大利益，所以才不遗余力地救护教化那些作恶和违反戒律规定的人。"

【评析】

十大戒之第六至第九条属于饶益有情戒，目的是利益众生。其中，前两条是教化众生，后两条是救度众生。

积蓄财物，对于出家信众来说，是不允许的。因为个人积蓄财物，其实质多是因为贪，而贪念是修行解脱的一大障碍。世俗人因为贪婪而互相争夺，小到金钱财产，大到整个国家，往往造成家破人亡等恶果。菩萨不同于出家的声闻乘信众，不但可以积蓄财物，还要经营，其目的不是为自己享受，而主要在于救济众生以及供养佛、法、僧三宝，为实际修行者提供修道所需的各种条件。所以大乘早期菩萨大多采取在家形式，这样也对菩萨实践四摄法提供很大的方便。

实际上，四摄法之间有逻辑关系可寻，具有一定的科学性，符合大众心理学。首先，根据众生的需要，有针对性的布施。财施使需要财物支援的众生先得到物质利益，而无后顾之忧，乐于闻道；次予以法施，以佛法浸润众生心灵，引发本有的善根。接下来，菩萨在教化过程中根据众生觉悟高低的不同，用温和慈爱的言语开导，令对方心情愉悦，感到和蔼可亲而乐与之接近，就达到菩萨度化对方的目的，此是爱语摄。在双方接近的基础上，菩萨时时处处从有利于对方的角度行事，有时甚至是损己利人，由此进一步感化众生共修佛道，这是"利行"。这样仍不够，修菩萨道者还要深入社会各阶层中，与各行各业的人交往接近，与其做友，与其同事，在契机契缘的情况下而度化之。显然，大乘初兴之时，菩萨以在家形式比出家形式更接近众生，用更多的方式利益众生。从这个角度上说，大乘菩萨行比小乘的行为要伟大得多。

再者，菩萨戒重视的是心的状态，所以即使还没有能力去完成某个心愿，也不算犯戒。比如救济贫苦的众生，或者降服那些作恶，对于某些菩萨来说不一定有这样的能力。但这并不重要，佛教认为只要有这样的愿心，努力去做就是了。从佛教修行的角度而言，能力与智慧成正相关，随着修行的进步，度生所需的能力就会逐步具备。而且，不管是救度也好，降服也罢，都要从慈悲心出发，降服并不是仇恨，目的是为了使作恶的众生不敢再作恶。如果能制止恶行，却放任不管，反而是犯了菩萨戒。

对众生来说，善恶就像两军对垒，此强彼就弱。菩萨教化众生，一方面引其进入善道；一方面制止恶行，使作恶众生不再作恶，甚至改恶向善。如此一来按照佛教所说的因果业报律，恶道必定减少，人天就会充满，而人道和天道正好是具备修学佛法条件的两道，"能于如来所转法轮，而得随转"。所以只有发心救度众生，才能护持佛法，反之，只有护持好佛法，才能更好地救度众生。

【经文】

"世尊！我从今日乃至菩提，摄受正法，终不忘失。

何以故？忘失法者，则忘大乘①。忘大乘者，则忘波罗蜜②。忘波罗蜜者，则不欲大乘。

若菩萨不决定大乘者，则不能得摄受正法欲，随所乐入，永不堪任越凡夫地。

我见如是无量大过，又见未来摄受正法菩萨摩诃萨③无量福利，故受此大受。"

【注释】

① 大乘：梵语为 maha-yana，音译摩诃衍那、摩诃衍，与小乘（梵语为 hinayana）相对。乘（梵语为 yana），交通工具的意思，凡能够使人们获得解脱方便的教法，佛教都称为"乘"。"乘"实质上包含着四个方面的内容：能诠之"教"，所诠之"理"，所修之"行"，所得之"果"。大乘，即意为广大的运载一切众生从烦恼的此岸至觉悟的彼岸的大舟车，显然，小乘就意味着小舟车。

通常认为，大乘佛教是在原始佛教、部派佛教之后于 1 世纪左右形成，作为对比，把后两者称为小乘。由于小乘注重个人的解脱，是自调自度，即自己灭除烦恼证果开悟，而大乘佛教以上求佛道下化众生为志愿，认为没有广大众生的解脱，就没有个人的解脱，是自利利他，两面兼顾，所以，小乘佛教在大乘佛教看来是一种低层次、低水平的脱离苦海的运载工具。但并不意味着小乘佛教是低劣的，由思想的发展角度出发，小乘乃是大乘思想的基础。

大乘与小乘在教、理、行、果四方面不同之处甚多，总体而言最大的区别主要有以下几点：

（一）在宗教实践上，大乘以成佛为目的，认为人人都有佛性；而小乘则以达到阿罗汉为究竟，认为佛果不可企及。

（二）在理论上，对"法空"的解释不同。小乘对佛说很拘泥，认为（特别是部派佛教的一切有部）凡佛所说都是实在的。只要佛说有这类法，有这类概念，就有这类实在。这是一种概念的实在论。因此，他们不承认"万法皆空"，最多只承认"人无我"，所谓"人空法有"。小乘中也有主张"法无我"的，如上座部，但仅是用分析推理而得出的，很不彻底。大乘则认为一切皆空，法的自性也是空，称一切法的存在都是如幻如化。

（三）小乘认为要实现理想，必须出家，清心寡欲地专事修行；而大乘，特别是在其初期，则以居家的信徒为主。在当时的社会环境下，有些事只有在家人才具备条件去做，例如布施中的财施，出家人不许集财，就不能实施。因此，大乘初始很重视在家众。

② 波罗蜜：梵语为 paramita，巴利语为 parami 或 paramita，"波罗蜜"是音译，意译为到彼岸、度无极、度、事究竟，意思是从生死迷界的此岸至涅槃解脱的彼岸。佛是已到彼岸，菩萨为当到彼岸，因而波罗蜜通常是专用于菩萨的修行。菩萨自利利他的广大行为能彻底完成一切自行化他之事，所以称为事究竟；乘此大行能由生死之此岸到达涅槃之彼岸，所以又称为到彼岸；又此大行能"度"诸法之深意与广义，所以又称为度无极。

梵语与巴利语的语义还有细微差别。梵语 paramita 有到达彼岸、终了、圆满等义；巴利语 parami 则有最上的、终极的等义。

按照佛教经论，有六波罗蜜、十波罗蜜、四波罗蜜的说法：

（一）六波罗蜜，往往又称作六度，在各部《般若经》都有提及，指大乘菩萨所必须实践的六种修行：（1）布施波罗蜜，有财施，教以真理的法施，除去众生恐怖、使其安心的无畏施三种，能对治悭贪，消除贫穷；（2）持戒波罗蜜，指持守戒律，并常自身反省，能对治恶业，使身心清净；（3）忍辱波罗蜜，指忍耐迫害，能对治嗔恚，使心安住；（4）精进波罗蜜，有身精进、心精进二种，指实践其他五波罗蜜时，上进不懈，不屈不挠，能对治懈怠，生长善法；（5）禅定波罗蜜，指修习禅定，能对治思想散乱，使心安定；（6）智慧波罗蜜，能对治愚痴，开真实之智慧，把握生命之真谛。

（二）十波罗蜜，又作十度、十胜行，出自《金光明最胜王经》卷四《最净地陀罗尼品》。六波罗蜜加如下之四波罗蜜，则为十波罗蜜；（7）方便波罗蜜，指救济众生之巧妙方法；（8）愿波罗蜜，指获得智慧即菩提后，救济众生的殊胜之愿；（9）力波罗蜜，指能完全正确判断所修所行的能力，能够破除一切邪说和诸魔众的阻碍；（10）智波罗蜜，指能如实了知一切法，并教导众生获得智慧。

（三）四波罗蜜，为《胜鬘经》后半部所说，把佛涅槃所具有的四种殊胜特质——常、乐、我、净叫做四波罗蜜。（1）常波罗蜜具有永远性的特质；（2）乐波罗蜜具有安稳性的特质；（3）我波罗蜜具有主体性的特质；（4）净波罗蜜具有清纯性的特质。此四波罗蜜也称作涅槃四德。

③菩萨摩诃萨：菩萨，菩提萨埵的略称。菩提萨埵，梵语为 bodhi-sattva，巴利语为 bodhi-satta，意译作觉有情、大觉有情。菩提，是觉、智、道的意思；萨埵，是众生、有情的意思。菩萨就是指以智慧上求无上菩提，以大悲下化无量众生，修种种波罗蜜行，在未来成就佛果的修行者。

摩诃萨，梵语为 mahasattva，巴利语为 mahasatta，maha，意译为大；sattva，乃有情、众生之义。摩诃萨埵即大有情、大众生。

对于声闻、缘觉二乘而言，如果从由其追求觉悟与智慧的目标来看，也可以称为菩萨；而特别指追求与佛等同的无上智慧的大乘修行者，则称为菩萨摩诃萨、菩提萨埵、摩诃萨埵等，以与二乘区别。通常菩萨这个词还是专指后者。

【白话】

"世尊！从今天起，直到我修行圆满彻悟成佛为止，我都要信奉佛法，身体力行实践大乘教法，将其与生命融为一体，永不忘失。

为什么呢？因为一旦忘失正法，就会忘失大乘；一旦忘失大乘，就会忘失跳出无明奔向涅槃的理想；一旦忘失这个终极目标，就会丧失对成就佛果的向往，不想走大乘之路。

如果菩萨丧失进取心，行大乘之道不坚定，就不会有宣讲、实践正法的欲求，当然不会随其所愿悟入佛道，而只能停留在凡夫境地，永远不能超越。

我见到不能信奉受持正法有如此巨大的过患；与此相反，我又见到信奉受持正法的大菩萨会有如此广大无量的福德利益，所以，我决心坚守如上十大誓愿！"

【评析】

胜鬘夫人发誓遵守的最后一条是摄善法戒，意思是誓愿实践一切善法。本段经文的一大部分都是在说摄受正法及由此生发的义理。摄受，可以泛指一切学习、宣传和实践佛法的行为。正法，就是后面要讲的一乘法。

胜鬘夫人列举了不摄受正法的害处：第一，会忘失三件事——正法、大乘、波罗蜜。正法是佛教真实存在的基石，大乘是菩萨实践的历程，波罗蜜是佛。这三者是因果递进的关系，所以忘失正法，后面两个自然就忘记了。第二，反过来说，忘失波罗蜜，就不会生起对佛果的欲求之心，当然也不会趣入大乘，更不会摄受正法了。这样，行人就不会进步，只能永远停留在凡夫境地，不得解脱。因此胜鬘最后说愿意"受此大受"。

【经文】

"法主①世尊，现为我证！唯佛世尊现前证知。而诸众生善根微薄，或起疑网，以十大受极难度故，彼或长夜非义饶益不得安乐。为安彼故，今于佛前，说诚实誓。

我受此十大受，如说行者，以此誓故，于大众中，当雨②天花，出天妙音。"

说是语时，于虚空中，雨众天花，出妙声言："如是！如是！如汝所说，真实无异。"

彼见妙花及闻音声，一切众会疑惑悉除，喜踊无量而发愿言："恒与胜鬘常共俱会，同其所行。"

世尊悉记一切大众如其所愿。

【注释】

① 法主：这里指佛。佛陀已掌握一切法，所以称为法主。
② 雨：这里用作动词，像雨一样落下的意思。

【白话】

"掌握世间一切真理的佛陀，请求您为我作证吧！只有佛陀，才能为我现前作证，证明我发的十大誓愿真实不虚。所有善根微薄的众生可能会对这十大誓愿产生怀疑，因为完完全全禀行这十大誓愿实在是极其困难，正因为如此，众生才会在生死长夜中流转，不能得到佛法的利益，更谈不上安乐。为了安顿这些无明众生，我今在佛前宣布这十大诚挚真实的誓愿。"

胜鬘接着说:"我今天在佛面前发这十大誓愿,并且要真实奉行。如果我发愿真实,且能如实实践,在场大众就会看到天花如雨般飘落,美妙的音乐响彻天际。"

果不其然,话语刚落,天空中绚丽多彩的鲜花纷纷扬扬,飘飘洒洒,同时虚空中有奇妙的声音响起:"确实如此!确实如此!你的誓愿的确真实不虚!"

在场的所有会众,亲眼见到天花洒落,亲耳听见妙音响彻云间,所有的疑惑即刻消除,心中不由生起无限欢喜。他们欢欣雀跃,共同发誓说:"我们愿永远和胜鬘夫人一道,生生世世,共同实践她从佛处领受的十大誓愿。"

于是,佛陀便按照他们的愿望,为一切大众做出肯定的预言。

【评析】

胜鬘受戒后,在佛前立誓,请佛作证,证明自己是真心实意地愿意受持戒律,而且能够做到。这在佛经里是经常出现的场面,菩萨们在佛前发愿后,往往会请佛为其证明,或者用瑞相的显现来显示其誓愿的真实不虚。

胜鬘为什么要这样做呢?她说"为安彼故",也就是说是为了摄受在场的众生。胜鬘担心他们不能相信,难以坚持这些誓愿,从而在轮回长夜中流转不息。综观这十大誓愿,境界确实是广大,胜鬘有这样的担心不无道理。最终,佛陀的授记并不可思议的现象使大众都生起了信心,共同发愿受持十大戒。胜鬘在这里起到示范表率作用。按照佛教的说法,众生的业力不可思议,菩萨的愿力不可思议,如果所发的誓愿确实清净真实,就会有不可思议的现象出现,正如这里所说的天降花雨、天出妙音等瑞相。

【经文】

尔时,胜鬘复于佛前发三大愿,而作是言:"以此实愿安隐无量无边众生。

以此善根于一切生得正法智①,是名第一大愿。

我得正法智已,以无厌心为众生说,是名第二大愿。

我于摄受正法,舍身命财护持正法,是名第三大愿。"

尔时,世尊即记胜鬘:"三大誓愿如一切色②悉入空界③。如是菩萨恒沙④诸愿,皆悉入此三大愿中。此三愿者,真实广大。"

【注释】

① 正法智:指能通达明了绝对真理清净、平等的智慧。

② 色:梵语为 rupa,巴利语同。凡具有形体而又有产生、变化、发展的一切物质现象,都称为"色"。在不同情况下含义有别,大致有:(1)颜色;(2)颜色和形状,即眼睛可见到的具有色彩和形体的客观物质存在,亦为眼根的对象,是六境之一,也称色尘,指肉眼可见之物;(3)形状,即物体的形状、形态,如液态、固态、气态;(4)构成世界的所有物质和现象,与色蕴意同;(5)心之对象;(6)五位之一的色法,五蕴之一的色蕴;(7)佛身在众生心中映现的种种形象。此外,还有肉体、形骸、面色、情态、色欲等不同用法。

③ 空界:就是虚空,空间。界,有范围、要素的意思。

④ 恒沙:梵语为 ganga-nadi-valuka。恒,指恒河。恒沙就是恒河的沙粒。恒河的沙粒非常细小,其数量无法计算。佛经中凡形容无法计算之数,多用"恒河沙"一词来比喻,例如《大品般若经》卷一序品"遍照东方如恒河沙等诸佛国土",《阿弥陀经》"如是等恒河沙数诸佛",《无量寿经》卷上有"无量大圣,数如恒沙"。

【白话】

随即,胜鬘夫人又在佛前发下三大弘愿:

"我愿我的真心大愿使无量无边的众生处于安乐。

我誓愿以赞叹如来、坚持遵守十大戒誓所得的善根，在未来一切生中都能通达明了宇宙人生的真理。这是我的第一大愿。

　　只要我彻悟宇宙人生的绝对真理，我誓愿永不厌烦地为众生演说。这是我的第二大愿。

　　我誓愿永远坚定不移地宣讲并实践正法，不惜舍弃自己的生命财产来维护和坚持正法。这是我的第三大愿。"

　　胜鬘发愿后，世尊立刻为之肯定："好比虚空能容纳一切现象一样，这三大愿无所不摄，包涵了所有修有所成的大菩萨恒河沙般多的大愿，无一遗漏。这三大愿，的确真实不虚，广大无边啊！"

【评析】

　　胜鬘所受的第十大菩萨戒是"摄受正法"。从这里开始的一大段，其实都是对如何摄受正法的阐述。胜鬘夫人受戒后，紧接着发大愿，就是从摄受正法引发出来的。她首先说明，发愿的目的乃是为了安抚无量无边的众生，故所发的愿仍是从菩提心出发，还属于菩萨的大愿。这一切都显示出这部经所宣扬的由大乘入一乘的道理。

　　三个大愿的侧重不同。第一愿是求菩提智慧，"正法智"是大智慧；第二愿在教化众生，是大慈悲；第三愿侧重护持正法，是大勇大力。护持正法内在的含义是指，对于自身的烦恼、种种凡夫的不正常心理等诸如此类能破坏正念的各种心态和细小念头——佛教称之为"内魔"的——毫不留情，彻底铲除。智慧、慈悲、大力在佛教里的形象化就是文殊、观音、金刚手三位大菩萨。之所以称胜鬘夫人的愿是大愿，是相对于声闻、缘觉二乘而说的，因为胜鬘所追求的智慧是无上智慧；教化众生誓愿永不厌倦；护持正法誓愿不惜舍弃一切财产乃至生命。这三大愿实在是所有菩萨救度众生心愿的根源，可以统摄所有菩萨的所有大愿，因而，佛也为之赞叹。

【经文】

尔时,胜鬘白佛言:"我今当复承佛威神,说调伏①大愿真实无异。"

佛告胜鬘:"恣听汝说。"

胜鬘白佛:"菩萨所有恒沙诸愿,一切皆入一大愿中,所谓摄受正法。摄受正法真为大愿。"

佛赞胜鬘:"善哉!善哉!智慧方便②,甚深微妙。汝已长夜③殖④诸善本⑤,来世众生久种善根者,乃能解汝所说。汝之所说摄受正法,皆是过去、未来、现在诸佛已说、今说、当说。我今得无上菩提,亦常说此摄受正法。如是我说,摄受正法所有功德不得边际,如来智慧辩才亦无边际。何以故?是摄受正法有大功德,有大利益。"

【注释】

①调伏:梵语为 vinaya,音译为毗尼,"律"的意思。通常有对内对外两种含义,对内是指身心调和,做到身无恶行,口无恶语,心无恶念,从而依照佛法的引导脱离苦海。对外指教化,令所有障碍修道的恶魔和不相信佛法的众生舍恶降伏,对柔顺者以道理说服,对强硬者以气势折服。这里指胜鬘夫人受的十大戒律。

②方便:梵语为 upaya,巴利语同,指巧妙地接近、施设、安排等,常与智慧同时提及。智慧是真实的,究竟的,方便是以智慧为基础的种种巧妙方式,是一种阶段性的、引导性的方法,佛教经论中常用这个名词。其意义可分为下列几种,即:(一)对真理而言,它是引导众生逐步明白真理而暂设的法门,可理解为相对真理;(二)权巧、真实两种智慧都是佛菩萨为引导众生而通过自己的身心所示现的法门;(三)为证悟真理而做的预备修行。

③长夜:这是比喻的说法。指六道众生的生死轮回永无止息,就

像漫漫黑夜，见不到光明。

④ 殖：通"植"，种植的意思。

⑤ 善本：就是善根，见前面注释。

【白话】

胜鬘于是又对佛说："现在请佛以威德神力加持我，让我再说一下所受十大戒律与三大誓愿之间的关系。十大戒律与三大誓愿互相包含，毫无差异，都是真实地'摄受正法'。"

佛对胜鬘说："就按照你的想法说吧。"

胜鬘对佛说："虽说一切菩萨不可胜数的救生大愿都可以包涵在这三大誓愿，但是从根本上而言，所有这些愿心又都可以包涵在一个大愿中。这一大愿就是'摄受正法'，即坚定不移地信奉佛法，身体力行地实践这些真理。'摄受正法'才是真实不虚的大愿心啊！"

佛陀听后赞叹胜鬘说："好啊！真好！真是智慧高深方式巧妙啊！这是你在过去生死长夜中不懈修习、努力培植善根功德的缘故！未来世的众生，只有那些长期种植善根的才能理解你今天所讲的一切。

你所说的'摄受正法'，过去诸佛都曾宣说过，现在诸佛都正在宣说，未来诸佛也必将弘扬。我如今已经证悟宇宙人生的奥妙，经常强调的也是这坚持真理并不懈实践的重要性！正如我所言，坚持真理并不懈实践具有广大无边的功德，无法限量。如来智慧广大辩才无碍，同样不可限量，为什么呢？正是因为'摄受正法'的缘故！坚持真理并不懈实践确实有极大的功德，也确实有极大的利益！"

【评析】

胜鬘先受十大戒，又发三大愿，现在要把这三大愿归入"摄受正法"中，所以说"调伏大愿，真实无异"，摄受正法正是十大戒中的第十戒。因为所有菩萨的恒沙诸愿都统摄在这三大愿中,又都归入"摄受正法"这一大愿,所以摄受正法"真为大愿"。

世尊对此大为赞叹,再次印证胜鬘夫人已于过去世长久种植善根,然后以"未来世久种善根的众生才能了解胜鬘所说"来反证胜鬘所说道理的真实、深妙。最后,以过去、未来、现在诸佛都在演说摄受正法的重要,来证明胜鬘所说无误,并以此增强会众的信心。也为后面宣说一乘的义理做好铺垫。

【经文】

胜鬘白佛:"我当承佛神力,更复演说摄受正法广大之义。"

佛言:"便说。"

胜鬘白佛:"摄受正法广大义者,则是无量,得一切佛法,摄八万四千法门①。"

【注释】

① 八万四千法门:是佛教教法的总称,又称八万四千法蕴、八万四千法聚、八万四千法藏、八万四千度门,或八万法蕴、八万法藏,是为对治众生八万四千种烦恼所施设的法门。《维摩经·菩萨行品》有"阿难,有此四魔八万四千诸烦恼门,而诸众生为之疲劳"。慧远《维摩义记》卷七记载,菩萨上求菩提下化众生有八万四千种法门,计算如下:进入佛德具有三百五十种法门,每一法门都以修行六度为因,这样就有二千一百法门,以其对治四大不调以及衰耗人真性的六尘所引起的过患,二千一百与十相乘便为二万一千法门,再以二万一千法门对治四种心病,便成八万四千。其中,治多贪病二万一千,治多嗔病二万一千,治多痴病二万一千,贪、嗔、痴三毒等分二万一千,合计即为八万四千法门。

一般情况下,只是用八万四千法来表示法门之多,无所不包,并非实数。

【白话】

胜鬘于是又对佛说:"我应当借助佛陀的威猛神力,深入演说'摄受正法'更广大的含义。"

佛陀当即允诺:"说吧!"

胜鬘于是对佛说:"'摄受正法'的真正广大含义在于,由它可以成就无量无边的一切佛法,可以统摄八万四千法门,所有的修行方法都含摄其中。"

【评析】

从这里开始展开演绎"摄受正法"。前面说一切愿都归入摄受正法,是总括性说法,现在开始讲解显示其含义的广大:可以"得一切佛法,摄八万四千法门"。下面再通过种种比喻,从不同角度来说明"得一切佛法",之后再分叙"摄八万四千法门"。

【经文】

"譬如劫初成时①,普兴大云雨、众色雨及种种宝。如是摄受正法,雨无量福报及无量善根之雨。

世尊,又如劫初成时,有大水聚,出生三千大千界藏②及四百亿种种类洲③。如是摄受正法,出生大乘无量界藏,一切菩萨神通④之力,一切世间⑤安隐快乐,一切世间如意自在,及出世间⑥安乐,劫成乃至天人本所未得,皆于中出。"

【注释】

① 劫初成时:参见注释"阿僧祇劫"条。"劫"通常指不能以年月日计算的非常长远的时间。这里的劫是以成、住、坏、空四劫,也即世界的形成、发展、衰退、灭亡四个阶段来定义的时间概念,每一阶

段包含二十小劫。

成劫是世界形成的时期，期间分为两大阶段，最初一小劫形成器世间，以后十九小劫形成有情世间。住劫是世界安住的时期，有了器世间，众生得以安住，此劫末期，出现饥馑、瘟疫、刀兵三灾。坏劫是世界坏灭的时期，也分为两大阶段，初十九劫是坏有情世间，最后一劫是坏器世间，有情世间的坏灭是从六道的最底层地狱开始，逐渐上升到天人，依次坏灭，器世间一片空旷，最后一劫发生大火灾，世界付之一炬。空劫是世界空虚的时期，世界经燃烧破坏后，惟有空虚，没有昼夜日月之分。

这里的"劫"所指是成劫，"初成时"，就是指成劫的第一阶段——物质世界形成的开始阶段。

② 三千大千界藏：梵语为 tri-sahasra-maha-sahasra-loka-dhatu，巴利语为 ti-sahassi-maha-sahassiloka-dhatavo，又叫做三千大千世界。佛教的宇宙观是这样的：以须弥山为中心，周围环绕四大洲及九山八海，称为一小世界，从色界之初禅天至大地底下的风轮，其间包括日、月、须弥山、四天王、三十三天、夜摩天、兜率天、乐变化天、他化自在天、梵世天等。一千个这样的小世界，形成一个小千世界，一千个小千世界集成中千世界，一千个中千世界集成大千世界，此大千世界因由小、中、大三种千世界所集成，故称三千大千世界，并不是指三千个大千世界。宇宙中，这样的三千大千世界有无数。在佛教的宇宙观中，三千世界是一佛所教化的领域，所以又称为一佛国。

有人以近代之世界观来衡量，三千大千世界略如下表：

太阳系×1000＝小千世界

小千世界×1000＝中千世界

中千世界×1000＝大千世界（亦即三千大千世界）

由此推算三千世界实则为十亿个小世界，若理解成三千个大千世界，实数为千百亿个世界。从而，有人认为这与一般泛称无限世界、宇宙全体之模糊概念实有差距。实则不然，其一，"三"在古文中往往是虚数，经常有"多"的意思；其二，古时数字概念岂可与今人相提并论？如此庞大慎密的思维在古代是一种空前的宏观假设，明确地突出了宇宙的无限性；其三，佛经中也经常提及无量三千大千世界，如"东方度三十六恒沙国，有世界名须弥相"，"从是西方过十万亿国土，有世界名曰极乐"等等，业已直接表明"无限"和宇宙全体的概念。所以笔者以为，看待一种学说首先需要全面了解其概貌，以此为基础，再结合时代背景来理解，方能准确把握，而避免有妄加评论之嫌。

③ 类洲：即部洲，指人类居住的地方。依照古代印度人的世界观，在须弥山四方有四个大洲，称为四大部洲。东方是胜身洲，地形如半月，东狭西广，人面亦如半月，又因为该处人类身形殊胜，所以也把东胜身洲略称胜身；南为赡部洲，旧称"南阎浮提"，地形上大下小，呈三角形状，因为有赡部树，由此得名，我们的居住地就在此洲；西方是牛货洲，地形如满月，人面形状也如满月，因为多牛而且以牛为货易，以此得名；北为俱卢洲，地形正方，人脸形状类似。俱卢，指胜地，因为此洲人寿长达千岁，衣食无忧，优于上述三洲所以得名。

四大洲又各有二中洲与五百小洲。四大洲及八中洲都住有人，二千小洲则或住人或不住人。北洲之果报最大，乐多苦少，惟独无佛出世，所以列为八难之一。四洲各有三项特长：（一）南洲，住民勇猛顽强而且能造业行、能断淫欲受持戒律、有佛出世，这三项胜过其他三洲及各天界；（二）东洲，其土地极广、极大、极妙；（三）西洲，多牛、多羊、多珠玉；（四）北洲，则无所约束、无所追求、寿命千岁。

④ 神通：梵语为 abhijna，巴利语为 abhinna，指由修禅定与智慧而获得的无碍自在、神变不可思议的妙用。又称神通力、神力、通力、通。一般来说神通有神足通、天眼通、天耳通、他心通、宿命通、漏尽通六种：（1）神足通：又称神境智证通、身如意通、神境通、如意通、身通，即能飞天入地，出入三界，变化自在的能力；

（2）天眼通：又称天眼智证通、天眼智通，是能见一切事物的能力；
（3）天耳通：又称天耳智证通、天耳智通，是能听到一切声音的能力；
（4）他心通：又称他心智证通、知他心通，是能洞悉他人思想的能力；
（5）宿命通：又称宿住随念智证通、宿住智通、识宿命通，是能知道前世事迹的能力；（6）漏尽通：又称漏尽智证通，是能断除一切烦恼惑业，永远脱离生死轮回的能力。这六种当中，前五通是依靠四根本静虑而生起的，所以外道诸仙、声闻及菩萨都可以获得。至于漏尽通，则只有达到小乘的无学位或大乘的等觉位者才能获得。当然，按照大乘的说法，小乘的无学位的漏尽通还不彻底。

⑤世间：梵语为 laukika，即世俗、凡俗的意思。佛教所说的"世"有"迁流""毁坏"的意思，"间"为"间隔"之义，"世间"就是不断迁流、变化的世界，其具体含义有广狭不同的解说。佛典通常把世俗世界分为有情世间与器世间二种。"有情"指有情识的生物，即"众生"。有情世间就是六道的所有生命形式——天人、阿修罗、人类、动物、饿鬼、地狱的通称。器世间也称为"国土世间"，指有情众生所居住的生存环境，包括山河大地、草木庄稼、宫室园林、日月光明等无情识的事物。

⑥出世间：梵语为 lokottara，巴利语为 lokuttara，略称为出世，与"世间"对称。是超出世间的意思，也是出离有漏缠缚的无漏解脱法（与烦恼俱生俱灭、互相增益的法为有漏法）。世间如果指世俗的事务，则出世间就指佛法；世间如果表示有漏即烦恼，则出世间就是指解脱，也就是说，一切生死之法为世间，涅槃之法为出世间。在苦、集、灭、道四谛中，苦、集二谛为世间法；灭、道二谛为出世间法。另外，为解脱而修习的四谛、六度等法门，也都称为出世间法。

【白话】

"这就好像世界形成之初，虚空中云团密布，而后骤风生起，巨云涌动，降下五颜六色的雨和种种宝物。'摄受正法'正像世界初成时的大云带来大雨一样,会产生无量福报、善根、功德和智慧。

世尊!世界初成时,世间先形成汪洋大海,继而从海中产生三千大千世界和为数四百亿大大小小的部洲。与此类似,'摄受正法'就像世界之初的汪洋大海,能出生无量的大乘法藏。不仅如此,一切菩萨修行而得的神通妙用,世间的一切安稳和快乐,世间的一切如意自在,以及所有脱离烦恼缠缚的安乐,和一切天人都无法享受到的福报,全部都能从'摄受正法'中生出。"

【评析】

在印度人的宇宙观之中,世界依循着成立、存续、坏灭、空无四个阶段循环往复地演化。这四个阶段名曰:成劫、住劫、坏劫、空劫。在成劫之初物质世界形成开始,先是三千大千世界范围内的虚空中有大风形成,然后有金藏云产生,云中降雨,形成金性地轮,然后又有各个小世界的藏云形成,降雨形成须弥山等。须弥山由种种宝物构成,这些宝物都是随雨降落下来的。详细内容可参看《瑜伽师地论》卷一。

这里以世界形成的宏伟过程为喻,说明"摄受正法"就像成劫之始的云和雨降下宝物一样,能生出无量的大乘法宝。云中含有宝物,比喻正法中本来就具备无量的善根与功德。

各界藏云降下的雨水形成汪洋大海,受大风鼓荡逐渐坚固而形成须弥山及无数部洲。以此为喻,说明众生所具有的如来藏中,本来就具足种种神通、安乐、自在等,是一切智慧、功德、快乐的渊薮。

这两个比喻旨在说明下文要讲的"摄受正法与正法本身没有差异"。

【经文】

"又如大地持四重担,何等为四?一者大海,二者诸山,三者草木，四者众生。

如是摄受正法，善男子、善女人①建立大地，堪能荷负四种重任，喻彼大地。何等为四？谓离善知识②无闻非法众生，以人天③善根而成熟之；求声闻④者授声闻乘；求缘觉⑤者授缘觉乘；求大乘者授以大乘。是名摄受正法善男子、善女人建立大地，堪能荷负四种重任。

世尊，如是摄受正法，善男子、善女人建立大地，堪能荷负四种重任，普为众生作不请之友，大悲⑥安慰哀愍众生，为世法母。"

【注释】

① 善男子善女人：善男子，梵语为 kula-putra；巴利语为 kula-putta，指良家的男子。善女人相同，是良家女子的意思。是经典中对在家的知见正确信心坚定的男女信众的统称。此时的"善"，系对信佛、闻法、行善业之人的美称。

② 善知识：梵语为 kalyanamitra，巴利语为 kalyana-mitta。指正直而有德行，能教导众生进入正道的人。反之，教导邪道的人，就称为恶知识。善知识的种类，概说有四种：(1)属于普通众生一类的善知识，为初学佛的众生所亲近。(2)属于地上菩萨一类的善知识，为佛教行者的业障大部分净除后所依止。(3)属于化身佛的善知识，证得资粮道果位后才能真正依止。(4)属于报身佛的善知识，指证得地上的果位后菩萨所依止的善知识。由上可知，上至佛、菩萨，下至人、天，不论以何种姿态出现，凡能引导众生舍恶修善、进入佛道的，均可称为善知识。

③ 人天：指人道和天道，是六道中的两个善道。

④ 声闻：梵语为 sravaka，巴利语为 savaka。指听闻佛陀声教而证悟的出家弟子。声闻原指佛陀在世时的弟子，后来与缘觉、菩萨相

对，就成为二乘、三乘之一。具体而言是观苦、集、灭、道四谛的道理，修三十七道品，断除见地和修行方面的迷惑与错误而次第证得四沙门果，期望入于无余涅槃的修行者。

在佛教诸多经论中，声闻的种类有二种、三种、四种等差别：《解深密经》卷二《无自性相品》载有：一向趣寂声闻、回向菩提声闻等二种声闻；《楞伽经》卷四载有：决定寂灭声闻、发菩提愿善根名善根声闻、化应化声闻等三种声闻；《瑜伽师地论》卷七十三有：变化声闻、誓愿声闻、法性声闻等三种声闻；世亲的《法华论》卷下则将声闻分类为决定声闻、增上慢声闻、退菩提心声闻、应化声闻等四种。但在诸部《阿含》经典及《发智论》《六足论》等小乘诸多论著中，则无这种分类，他们所说的声闻，仅指上述的趣寂声闻一种而已。

此外，在《阿含》等经典中，声闻有时兼指出家与在家弟子；后世则专指佛教教团确立后之出家修行的僧侣。

⑤缘觉：梵语为pratyeka-buddha，巴利语为pacceka-buddha，音译辟支佛。指不需由佛教导而观诸法生灭因缘自行悟道的解脱者。一般性好寂静孤独，不从事说法教化，所以又称作独觉，与声闻合称二乘，若再增菩萨，则名为三乘。

⑥大悲：梵语为mahakaruna，巴利语同。悲，意为拔苦。诸佛菩萨不忍十方众生受苦而想帮助救济他们，这种心就称为大悲。一般又把悲作为慈、悲、喜、舍四无量心之一。此外，通常还把大悲与"大慈"并用，最常见的是表示观音的慈悲。又，按照悲心生起方式不同，悲心有三种差别，有情缘的悲心为小悲，法缘的悲心为中悲，无缘的悲心为大悲。

【白话】

"'摄受正法'又好比大地，大地承负着四种重担，有哪四种呢？一是大海，二是所有高山，三是一切花草树木，四是一切众生。

　　同样，坚持正法并不懈实践的男信众和女信众所建立的佛法大地也能够承担四种重任。哪四种重任呢？第一，对于那些远离善知识、无缘听闻世间真理并与正法背道而驰的众生，他们就用人天乘的正法来引导劝化，使他们舍罪修福，逐渐踏上解脱之道；其次，对于希求修行声闻乘的众生，他们予其传授苦、集、灭、道的四谛真理；再次，对于希求修行缘觉乘的众生，他们就予其传授说明生死流转原因的'十二因缘'等真理；第四，对于希求大乘佛法的众生，他们就予其传授大乘的四摄事、六度等可以超脱生死达到涅槃的各种大乘教法。

　　世尊，这就是摄受正法的男女信众建立的佛法大地，有能力荷担度化众生的四种重任。他们不会等众生来请求，而是以大悲心主动安慰众生，悲悯众生，做他们的法友，做他们的依怙处，他们是世间四乘——人天乘、声闻乘、缘觉乘、菩萨乘所有正法的源头。"

【评析】

　　大海、诸山、草木、众生都依靠大地而存在。在此以大地作比喻，摄受正法的男女信仰者就像大地一样能够承担四种重担，可以针对不同众生的根基和意愿，分别给予人天、声闻、缘觉、菩萨的教法进行度化，而且这种教化是主动的。因根施教是佛教教育的一大特色，之所以有三乘或五乘的说法，有八万四千法门，有了义与不了义，有种种方便善巧，都是因为众生根基千差万别。

　　众生根基大小虽异，却都是历经累世累劫的修为从小乘而至大乘循序渐进地发展出来的，此生表现参差，最终的觉悟则必然相同，这就如同我们每个人出生时间各异，却都必定要长大成人一样。

　　本段的比喻暗含摄受正法的人与摄受正法是统一体，为下文的结论作以铺垫。

【经文】

"又如大地有四种宝藏,何等为四?一者无价,二者上价,三者中价,四者下价,是名大地四种宝藏。

如是摄受正法,善男子善女人建立大地,得众生四种最上大宝。何等为四?摄受正法善男子善女人,无闻非法众生以人天功德善根而授与之;求声闻者授声闻乘;求缘觉者授缘觉乘;求大乘者授以大乘。

如是得大宝众生,皆由摄受正法善男子善女人得此奇特希有功德。世尊,大宝藏者,即是摄受正法。"

【白话】

"大地有四种宝藏,哪四种呢?第一种是无价珍宝,第二种是上等价值的珍宝,第三种是中等价钱的珍宝,第四种是下等价钱的宝物。

同样,坚持正法并不懈实践的男信众和女信众建立佛法大地,慈悲摄取众生,如同大地中有四种宝藏般,众生可从这佛法大地得到四种无上法宝。哪四种呢?第一,对于那些远离善知识、无缘听闻世间真理并与正法背道而驰的众生,坚持正法并不懈实践的男女信众就用人天乘的善法培育他们,使他们舍罪修福,逐渐踏上解脱之道;第二,对于希求修行声闻乘的众生,他们予其传授苦、集、灭、道的四谛真理;第三,对于希求修行缘觉乘的众生,他们就予其传授说明生死流转原因的'十二因缘'等真理;第四,对于希求大乘佛法的众生,他们就予其传授大乘的四摄事、六度等可以超脱生死达到涅槃的各种大乘教法。

所有这些得到至宝的众生,都是因为这'摄受正法'的男信众与女信众的因根施教才具备如此奇特希罕的功德。所以,世尊,这大宝藏,就是'摄受正法'啊!"

【评析】

　　这是以大地能出四种宝藏来比喻摄受正法的男女信众能产生四种佛法宝藏。以下价宝藏比喻人天教法，以中价宝藏比喻声闻教法，以上价宝藏比喻缘觉教法，以无价之宝比喻大乘菩萨教法。

　　以此比喻说明正法与摄受正法无异，同时也含有摄受正法者与正法无异的意思，与以上两段比喻同为下文结论的铺陈。

【经文】

　　"世尊！摄受正法摄受正法者，无异正法，无异摄受正法。正法即是摄受正法。"

【白话】

　　"世尊！'摄受正法'之所以叫'摄受正法'，是因为它与正法没有什么不同，摄受正法本身就是正法，正法与摄受也没有什么不同，正法就是摄受正法。"

【评析】

　　此处对上面几个比喻作出总结。正法、摄受正法、摄受正法的人是一体无二的。为什么呢？有能摄受者、被摄受者、摄受行为的分别，就不是正法了。正法是绝对的，之所以有分别的说法，是为了把意思表达清楚，是权巧之说。同样，后面说如来藏时也应如此理解。

　　关于摄受正法的论述起到思维引导的作用，为深奥难解的如来藏思想做了准备。

　　至此，表现摄受正法广大无量的"得一切佛法"解说完毕，下面将宣说"摄八万四千法门"。

【经文】

"世尊!无异波罗蜜,无异摄受正法。摄受正法即是波罗蜜。

何以故?摄受正法善男子善女人,应以施成熟者,以施成熟,乃至舍身支节,将护彼意而成熟之。彼所成熟众生建立正法,是名檀波罗蜜[①]。

应以戒成熟者,以守护六根[②],净身口意业[③],乃至正四威仪[④],将护彼意而成熟之。彼所成熟众生建立正法,是名尸波罗蜜[⑤]。

应以忍成熟者,若彼众生骂詈[⑥]、毁辱[⑦]、诽谤[⑧]、恐怖[⑨],以无恚心、饶益心,第一忍力,乃至颜色无变,将护彼意而成熟之。彼所成熟众生建立正法,是名羼提波罗蜜[⑩]。"

【注释】

①檀波罗蜜:波罗蜜的注释见前。檀,梵语为 dana,巴利语同,又称施。或为梵语 daksina 的音译,意译为财施、施颂。以慈悲心而施与他人福利的意思,是六种波罗蜜之一。有财施、法施、无畏施三种,分别指施与他人以财物、勇气、智慧等,为他人和自己累积功德,以求得智慧达到解脱。

小乘与大乘的布施有所不同,小乘布施之目的,在于破除个人的吝啬与贪心,以免除未来世的贫困,大乘则与大慈大悲的教义联结,用于度化众生。布施同时是四摄法之一(布施摄),六波罗蜜及十波罗蜜之一。布施能使人远离贪心,如对佛、僧、贫穷人布施衣、食等物资,必能招感幸福之果报。向人宣说正法,使听者得到功德利益,称为法施。使人离开种种恐怖,称为无畏施。财施与法施称为二种施;若加无畏施,则称三种施。以上三种施是菩萨所必须修行的。其中法施的功德较财施为大。布施时若远离贪心执着,则称为清净施;反之则称不清净施。至于法施，劝人生于人天之说教，称为世间法施；而劝人成佛之教法，称为出世法施。

此外，施与施波罗蜜之间也有区别，根据《优婆塞戒经》卷二载，声闻、缘觉、凡夫、外道之施，及菩萨在最初修行的前二阿僧祇劫所行的施，称为施；而菩萨于第三阿僧祇劫所行的施，则称为施波罗蜜。

② 六根：梵语为 sad indriyani。又译作六情。指六种感觉器官或认识能力。根，指认识器官，包括：眼根，视觉器官与视觉能力；耳根，听觉器官及其能力；鼻根，嗅觉器官及其能力；舌根，味觉器官及其能力；身根，触觉器官及其能力；意根，思维器官及其能力。

前五种又称五根。五根以物质为基础而存在，又称为色根，还有二种差别。生理器官称为扶尘根，以四大为体，对取境生识仅起扶助作用。实际起取境生识作用的，称为胜义根，以四大所生净色为性。以眼根为例用现代医学解剖知识来说明，眼根的扶尘根就是眼球，眼球的各个结构共同协作在视网膜上成像，而将成像信息传入的感觉神经、大脑皮层视觉区和将经过大脑皮层识别的信息传出的运动神经就是胜义根。

与色根相对，意根则为心所依靠生起心理作用的心法，即无色根。按照小乘有部的说法，前刹那的六识落谢于过去，意根就是引起次刹那六识的等无间缘。所以六识的作用，必须常以意根为所依，佛教上称意根为通依。前五识除了依靠意根之外，另有特定的根，即特定的生理器官为其所依，称为别依。意识则仅依意根，并无其他特定之根。

瑜伽行派等则基于唯识义理，主张六根、六境均为内识所变现。

③ 身口意业：即身口意三业。

（一）身业，梵语为 ka^ya-karman，巴利语为 ka^ya-kamma，指行为上所造作之业。可分为善、恶、无记三种。身恶业指杀生、偷盗、邪淫；反之，不杀生、不偷盗、不邪淫即为身善业。非善非恶不感召果报的行为，则为无记身业。

（二）口业，梵语为 va^k-karman，又称作语业。指语言上所造作之业，也分为善、恶、无记三种。诸如妄语——说假话、离间语——挑拨是非、恶语、绮语——献媚的话等为口恶业；反之，不妄语、不两舌、不恶语、不绮语则为口善业。非善非恶不感召果报的语言，则为无记口业。

（三）意业，梵语为 manas-karman。指意念所起之业，也分为善、恶、无记三种。像贪欲、嗔恚、邪见等为意恶业；若不贪、不嗔、不邪见，则为意善业。非善非恶不感召果报的意念，则为无记意业。

④ 四威仪：梵语为 catur-vidha irya-pathah，巴利语为 cattaro iriya-patha。指行、住、坐、卧四种出家僧众所必须遵守的仪则。佛教要求僧众日常之起居动作必须谨慎，禁止放逸与懈怠，以保持严肃与庄重。经籍中有三千威仪、八万细行之说，但皆不出行、住、坐、卧四者。

⑤ 尸波罗蜜：波罗蜜见前注释。尸，梵语为 sila，音译尸罗，意译为戒，六波罗蜜或十波罗蜜之一。指受持佛所制定的戒而不触犯。戒大小乘通用，位于戒定慧三学之首。所持戒品，在家、出家及声闻、菩萨各不相同，如出家人依比丘戒、比丘尼戒，在家众遵循八关斋戒，菩萨戒通于在家出家。

⑥ 骂詈：面对面的辱骂。

⑦ 毁辱：背后诋毁辱骂。

⑧ 诽谤：无中生有，捏造歪曲事实，安立罪名。

⑨ 恐怖：人前人后以种种手段相威胁。

⑩ 羼提波罗蜜：六波罗蜜或十波罗蜜之一。羼提，梵语为 ksanti，巴利语为 khanti。安忍的意思，即令心安稳，堪忍外来的侮辱、恼害以及内在的如对深妙法义的震惊或畏惧等。忍辱含有不忿怒、不结怨、心不怀恶意等三种行相，是菩萨所必须修行的。

声闻、缘觉二乘与菩萨虽然皆行忍，但其意义有差别。二乘所行之忍辱，惟为忍辱，非波罗蜜，菩萨所行之忍辱则特称忍辱波罗蜜，由智慧作引导，梵语为 ksanti-paramita，意译忍度。《解深密经》卷四《波罗蜜多品》记载有忍辱波罗蜜的类别，包括耐怨害忍，即能忍受他人所作的埋怨迫害；安受苦忍，即能忍受所受的众苦；谛察法忍，即能审谛观察诸法等三种。

【白话】

"世尊！'摄受正法'无异于六度；六度也无异于'摄受正法'，'摄受正法'就是六度。

这是为什么呢？对于应该以布施引导而迈上解脱大道的众生，'摄受正法'的男信众与女信众就根据其所好予以布施，哪怕肢解自己的身体也要恒时保护众生的善根，指引他们修行善法。如此教化众生使其心中树立正法并安住其中，就称作布施度。

对于应该以戒律来教导度化的众生，'摄受正法'的男信众与女信众就应机以守护六种感官——眼、耳、鼻、舌、身乃至意识的教法来指导他们，使其行为、语言、意识三方面同步趋于清净，并在行、住、坐、卧四种威仪方面严格要求，令其心意更加坚定。如此教化众生使其心中树立正法并安住其中，就称作持戒度。

对于那些应以忍辱负重来教导度化的众生，'摄受正法'的男信众与女信众施之以道，即使被那些众生当面辱骂，背后诋毁，或被诽谤、被恐吓，也不会以嗔恚心对待他们，反而以慈悲心去饶益他们，凭借不可思议的忍耐力，连神色上都不起一点变化，来成熟众生的善根。如此教化众生使其心中树立正法并安住其中，就称作忍辱度。"

【评析】

摄受正法可以"摄八万四千法门"，八万四千法门又以六度为根本，可以尽归入六度之中，所以胜鬘分别说六度来彰显佛教法门之广大。

六度是使众生由生死此岸到涅槃彼岸的六种途径和方法，为四摄事的扩展和深化，与前面的发愿密切相关。发愿属于"愿菩提心"，六度属于"行菩提心"，六度是发愿的具体化，是实现"愿"的途径，所以发愿后，紧接着说六度。菩提心依殊胜程度又分为世俗菩提心和胜义菩提心。行菩提心和愿菩提心都属于世俗菩提心，是菩萨必须修学具备的。后面将要宣讲的"如来藏"属于"胜义菩提心"。

　　六度的建立是先开示较易、较浅的，再顺序进入较难、较深的。如《庄严经论》说"以先而立后，以劣而立优，以粗而立细，以如是次第，建立六度法"。

　　若以福慧二种资粮来划分，细加分析，六度中的每一度都包含了两种资粮的成分，但是大体而言，布施和持戒主要属于福德资粮，般若属于智慧资粮，忍辱、精进、禅定兼而有之。

　　布施的三种形式——财施、法施、无畏施，按照佛教的说法，功德依次递增。布施主要对治贪心和我执心，是破除无明之始。

　　持戒，是佛教住世的根本。佛陀涅槃时留下的最终教诲就是"以戒为师"。但是大乘佛教更强调的是心念动机，所以对菩萨来讲，外表形式的约束并非最重要，主要是不违背菩提心。比如，对于残杀众生使众生遭受苦逼的恶人，小乘要求严格遵守不杀生戒，而大乘则认为应以慈悲心杀掉他，哪怕自己因此而堕入地狱，也应毫不迟疑。这样做，一方面可以使多数众生免遭惨运，一方面也是对恶人的怜悯，可以使他停止作恶从而免受更坏的果报。大乘认为这种形式上的犯戒是合理的持戒，契合真理，体现了真正的慈悲方便。

　　忍辱，其目的对外，在于感化众生，要求信徒必须有坚定的忍耐，经得起各种迫害和苦难，宁可牺牲生命也决不作有害众生的事，坚守难行能行、难忍能忍的德行，但这决不意味着逆来顺受。要成就"忍辱度"，有一个要点，就是不执着，并不只是不愤怒，不激动。其次，其目的对内，在于忠于教义和信仰，要求能够经得起接受超越自己修行程度的深奥法义。

【经文】

"应以精进成熟者,于彼众生不起懈心、生大欲心、第一精进,乃至若四威仪,将护彼意而成熟之。彼所成熟众生建立正法,是名毗梨耶波罗蜜①。

应以禅成熟者,于彼众生以不乱心、不外向心、第一正念,乃至久时所作、久时所说终不忘失,将护彼意而成熟之。彼所成熟众生建立正法,是名禅波罗蜜②。

应以智慧成熟者,彼诸众生问一切义,以无畏心而为演说一切论、一切工巧③究竟明处、乃至种种工巧诸事,将护彼意而成熟之。彼所成熟众生建立正法,是名般若波罗蜜④。

是故,世尊,无异波罗蜜,无异摄受正法。摄受正法即是波罗蜜。

【注释】

① 毗梨耶波罗蜜:为六波罗蜜之一。毗梨耶,梵语为 virya,巴利语为 virya,精进的意思,又作精勤、勤精进、进、勤。指勇猛勤策修行各种善法,也就是依照佛教的教义,在修善断恶、去染转净的修行过程中,毫不懈怠,努力上进。"精进"亦为三十七道品中之四正勤、五根、五力、七觉支、八正道之一。

关于精进与精进波罗蜜之别,据《优婆塞戒经》卷七《毗梨耶波罗蜜品》《大智度论》卷十六等经籍,"精进"乃指世间及三十七道品中的精进;"精进波罗蜜"则指菩萨为证佛道的精进。

② 禅波罗蜜:禅,梵语为 dhyana,巴利语为 jhana,意译作静虑、思惟修习、舍弃欲界一切诸恶、功德丛林(以禅为因,能生智慧、神通、四无量等功德,故名之),其种类繁多,分为世间禅、出世间禅两大类。世间禅为佛教及佛教之外的其他宗教学派所共有,出世间禅为佛教所独有。

佛教的禅定指将心专注于某一对象，在极其寂静的基础上详密思维观察的定、慧平等维持的状态。按照佛教的说法，学佛修行的纲要为戒定慧三学，持戒清净始可得禅定寂静，禅定寂静才能促进真正智慧得以开发出来。在大乘中，禅波罗蜜为六波罗蜜、十波罗蜜之一，为菩萨获得般若智慧所必须修习的法门。

③工巧：即工巧明，梵语为silpasthana-vidya。指通达有关技术、工艺、音乐、美术、书术、占相、咒术等的技艺学问。为五明之一，可分为两种：（一）身工巧，即细工、书画、舞蹈、刻镂等技能；（二）语工巧，指文词赞咏、吟唱等技艺。

④般若波罗蜜：般若，梵语为prajna。意译为慧、智慧、明、黠慧。即修习八正道、诸波罗蜜等而显现的高深智慧，能够明见一切事物及其道理。菩萨为了到达涅槃彼岸，必须修六种大行，就是修六波罗蜜。般若波罗蜜，通常也写作智慧波罗蜜，被称为"诸佛之母"，为其他五波罗蜜的根据与统摄，在六波罗蜜中居于最重要的地位。

以种类而言，般若有二种、三种、五种之别，二种般若有如下三者：（一）共般若与不共般若。共般若，是声闻、缘觉、菩萨共通而说的般若；不共般若，则仅为菩萨而说。（二）实相般若与观照般若。实相般若，就是以般若智慧所观照一切对境之真实绝对者，严格说，这还不是般若，但是它可以开起般若的根源，故称般若；观照般若，即能观照一切法真实绝对实相的智慧。（三）世间般若与出世间般若。世间般若，即世俗的、相对的般若；出世间般若，即超世俗的、绝对的般若。又实相般若与观照般若，若加上方便般若或文字般若则称三般若。方便般若系以推理判断，了解诸法差别的相对智；文字般若系包含实相、观照般若的诸多般若经典。又实相、观照、文字三般若加境界般若、眷属般若，则称五种般若。境界般若是指般若智慧之对象所涉及的一切客观诸法；眷属般若是指以促进六波罗蜜的诸种修行的随伴般若。

【白话】

"对于应该以精进来教导度化的众生,'摄受正法'的男信众与女信众就会应机督促他们,使其去除懈怠,产生希求正法的迫切心,能够随时随地精进无比地修行,乃至在行、住、坐、卧日常起居中都尽力护持心念,毫不放逸。如此教化众生使其心中树立正法并安住其中,就称作精进度。

对于那些应该以禅定去教导度化的众生,'摄受正法'的男信众与女信众会施之以道,引导他们心不散乱,亦不攀缘外境,始终不离正念而得'正定',这样能回忆起对很久以前所作所说的一切,且不会忘失。如此教化众生使其心中树立正法并安住其中,就称作静虑度。

而对于那些应该以智慧去教导度化的众生,'摄受正法'的男信众与女信众则会根据需要以毫无畏惧之心回答他们所问的一切法义,为他们演说一切论义,以及世间和出世间一切学问的究竟道理和一切工巧技艺。这样随顺众生心意而成熟其善根,使其心中树立正法并安住其中就叫做般若度。

世尊,所以说,摄受正法与菩萨所行的六度无异,菩萨所行六度也无异于摄受正法,摄受正法就是菩萨所行的六度!"

【评析】

这里接续上文说明摄受正法者如何实践六度之后三者。

精进可分为三种:披甲精进,指心中的志愿圆满;摄善精进,指善行圆满;无厌足精进,指前两种精进都达到究竟的地步。

禅定是对治散乱等心态的法门,有各种方便,内容庞博,难以具说。

智慧是六度中的根本,也是佛教用来区别于其他宗教、学说的所在。修学智慧是前五度的导首和目的,佛经中有"五度具足,般若度为首"之说。以般若智慧为导修行前五度,心和实相始终相应,虽精进修习而不生能修、所修、所修功德等执着，不图报，不贪求，不为自己着想，不分别自他物我，达到所谓"三轮体空"，才能称作"波罗蜜"。需要说明的是，智慧包括世间出世间的所有智慧，此处胜鬘"以无畏心"解说一切，体现的是无我的空性智慧。

最后再次总结，"摄受正法"与"波罗蜜"无异，摄受正法能"摄八万四千法门"。

【经文】

"世尊，我今承佛威神更说大义。"

佛言："便说。"

胜鬘白佛："摄受正法，摄受正法者，无异摄受正法，无异摄受正法者。摄受正法善男子善女人，即是摄受正法。

何以故？若摄受正法善男子、善女人，为摄受正法舍三种分①。何等为三？谓身、命、财。

善男子善女人舍身者，生死后际等，离老病死，得不坏常住、无有变易、不可思议功德如来法身②。

舍命者，生死后际等，毕竟离死，得无边常住、不可思议功德，通达一切甚深佛法。

舍财者，生死后际等，得不共一切众生无尽无减、毕竟常住、不可思议具足功德，得一切众生殊胜供养③。

世尊，如是舍三分善男子善女人，摄受正法，常为一切诸佛所记，一切众生之所瞻仰。"

【注释】

① 分：指事物，东西等。

② 法身：梵语为 dharma-kaya，巴利语为 dhamma-kaya。指佛的自性真身，又称法身佛，或自性身、第一身。《佛地经论》卷七载，

小乘诸部对佛所说的教法及其所诠释的菩提分法、佛所得到的无漏功德法等，都称为法身。大乘则除此之外，主要是以佛的自性真如净法界为法身，谓法身即无漏无为、无生无灭。

③供养：梵语为pujana，巴利语同。又作供、供施、供给、打供。意指供食物、衣服等给佛法僧三宝、师长、父母、亡者等。供养开始时是以身体行为为主，后来亦包含纯粹的精神供养，故有身分供养、心分供养之分。据遗教经论载，饮食、衣服、汤药等物质供养，属身分供养；以无厌足心的来供养等，属心分供养。

总括供养物之种类、供养方法与供养对象等，有各种不同之分类。主要有财供养、法供养、观行供养、身、口、意三业供养等等，不一而论。

【白话】

"世尊，今天仰承您的威神之力，我想再进一步演说摄受正法的广大意义。"

佛陀允诺："好，说吧！"

于是，胜鬘继续说道："我要强调的是，'摄受正法'的言行和'摄受正法'的人，既与'摄受正法'本身没有区别，也与'摄受正法'之人没有差异。事实上，'摄受正法'的男女信众就是'摄受正法'！

为什么说'摄受正法'之人就是'摄受正法'呢？因为'摄受正法'的男女信众为了'摄受正法'会舍弃三种东西。哪三种东西呢？就是身体、生命和财产。

'摄受正法'的男女信众若舍弃身体，了知生死轮回与涅槃解脱平等无别，就会远离生、老、病、死的痛苦历程，得到永久不坏的、不会变易的、具备不可思议功德的如来法身。

'摄受正法'的男女信众若舍弃生命，了知生死轮回与涅槃解脱平等无别，就决不会再受到死亡的威胁与痛苦，得到永久不坏的、无量无边的不可思议之功德，通达一切宇宙人生的奥秘。

'摄受正法'的男女信众若舍弃一切世间财物，了知生死轮回与涅槃解脱平等无别，就会得到与一切众生不同的、无量无边的、绝对恒常不变的、不会减少的不可思议之功德，拥有一切众生的殊胜供养。

　　世尊，'摄受正法'的男女信众像这样舍弃了身体、生命和财富，会在一切生中得到一切诸佛的成就预言，并为一切众生所景仰。"

【评析】

　　前文讲述摄受正法者如何实践六波罗密，属于度生行为。从这里开始，讲说"摄受正法"的男女信众自身的伟大。

　　胜鬘首先征求佛的同意，这既表示对佛的极度尊敬，也是在请求佛力的加被，随后才进入正题说明"摄受正法"的男女信众与"摄受正法"无异。"摄受正法"的男女信众就是菩萨，因为"摄受正法"才叫菩萨，菩萨也必然是"摄受正法"的，所以二者密不可分，提及一方，必然涉及另一方。

　　"摄受正法"的男女信众为了真实做到"摄受正法"，会舍弃三样东西——身、命、财，这种行为就是"摄受正法"。因为这样行事，实质就是远离贪着，能够利益众生。进一步说，能够舍弃这三种对个人而言至关重要的东西说明具有般若智慧，通达身、命、财的实性不可得，这种般若智慧就是正法。能舍身、命、财就能获得三种利益，成就三身。舍身，通达生死涅槃不二，成就法身；舍命，得常住不死果，成就报身；舍财，满一切众生愿，成就化身。所以说，能舍这三分，即是三身成就的缘起，必然得佛授记，为众生所瞻仰。

　　其实，这里所说的舍"三分"，也可以看作是对前面所说的布施波罗蜜的进一步的阐发。对于菩萨来说，布施可深可浅，浅的比如财布施，深的比如身体生命的布施。对于常人来说，身和命是最难施舍的，菩萨就要难施能施毫不犹豫地舍掉。另外更深一层的意义在于——只要做到这样的布施，就有如此不可思议的功德，何况认真地实践六种波罗蜜？

【经文】

"世尊，又善男子善女人摄受正法者，法欲灭时，比丘①、比丘尼②、优婆塞③、优婆夷④，朋党诤讼，破坏离散。以不谄曲、不欺诳、不幻伪，爱乐正法，摄受正法，入法朋中。

入法朋者，必为诸佛之所授记！

世尊，我见摄受正法如是大力。佛为实眼实智，为法根本，为通达法，为正法依，亦悉知见。"

【注释】

① 比丘：为梵语 bhiksu，巴利语 bhikkhu 的音译。此词是由"求乞（bhiks）"一词而来，是破烦恼者的意思，除去乞士、乞士男的本义之外，还有除馑、怖魔之意。指出家得度，受具足戒的男子。

② 比丘尼：梵语 bhiksuni 之音译。意为乞士女、除女、薰女，又称沙门尼、尼。指出家得度，受具足戒的女子。

③ 优婆塞：梵语 upasaka 之音译。意译为近事、近事男、信士、信男、清信士。即在家亲近奉事佛、法、僧三宝、受持五戒的男居士。为在家二众之一。按照《佛本行集经》卷三十二的记载，佛陀在成道后，到差梨尼迦树林中结跏趺坐，当时有来自北天竺的提谓、波利二位商主供养佛陀，并在佛前受了三皈依，成为最早的优婆塞。

④ 优婆夷：梵语 upasika 的音译。译为清信女、近善女、近事女、信女。就是亲近三宝、受三归、持五戒、施行善法的女众。是在家二众之一。南传佛教的《巴利律藏》大品说第一个优婆夷是耶舍的母亲，耶舍紧随佛陀最早的出家弟子——五比丘之后出家受戒。

佛教团体中，比丘、比丘尼、优婆塞、优婆夷，合称为四众，比丘、比丘尼为出家二众，优婆塞、优婆夷为在家二众；这四众再加上沙弥、沙弥尼、正学女，称为七众。

【白话】

"世尊，在正法将要毁灭的时候，世上的僧伽相处不再和睦，比丘、比丘尼、优婆塞、优婆夷等四类信众之间拉帮结派，党同伐异，结果使得正法零落僧团离散破坏。身处这种情境，'摄受正法'的男信众与女信众之以不谄媚言辞，不欺诳方法，不虚伪发心，来教诲这些众生，使他们向往正法，树立对正法的信心，并依法实践，与菩萨所代表的人间正法结为善友。

凡是身心入于正法与菩萨成为法侣法伴的，都会得到诸佛世尊的成就预言！

世尊，这就是我所理解的'摄受正法'的巨大力量。佛具有最真实的智慧，能见一切实相，佛为一切正法之根本，通达一切真理，为正法之依止，所以，佛陀也必然真实地了知'摄受正法'所具有的功德力量。"

【评析】

胜鬘解说了摄受正法者的度生行为和所具备的过人特质之后，数次讲解摄受正法者在未来将发挥巨大的护法作用。这里说到了佛法衰败时的景象，主要特征是佛教四大信众——出家与在家男女信众的腐败与不和。"摄受正法"的信徒这时不会怨天尤人，而是以大悲心和真实愿教化劝导众生归入正道。俗语道"近朱者赤，近墨者黑"，菩萨以四摄、六度等广大愿心和行为深入生活，广结法缘，荡污涤垢，自然会引导一批批众生亲近正法，深入正法。由于胜鬘只是觉悟义理尚未亲自修行证到，所以胜鬘讲述完自己的见解之后，请佛印证"摄受正法"的巨大力量。

按照佛教的说法，佛法在这个世界上会经历三个阶段，然后将消失。这三个阶段依序是正法时代、像法时代和末法时代，佛法在这三个时代中逐渐衰落，末法时代过去后，在这个世界上就不存在了。三个时代都有具体的时间，不过这个时间又有几种不同说法。另外还有一种观点，只要有执持正法的修行者存在，就是正法时代，区别只在于佛法兴盛与否。按照第一种说法，现在已经是末法时代了，按照第二种说法，现在还可以算是正法时代。

【经文】

尔时，世尊于胜鬘所说摄受正法大精进力，起随喜①心：

"如是，胜鬘！如汝所说，摄受正法大精进力，如大力士少触身分，生大苦痛。如是，胜鬘！少摄受正法令魔②苦恼，我不见余一善法令魔忧苦如少摄受正法。

又如牛王，形色无比，胜一切牛。如是大乘少摄受正法，胜于一切二乘善根，以广大故。

又如须弥山③王，端严殊特，胜于众山。如是大乘舍身命财，以摄取心摄受正法，胜不舍身命财初住大乘一切善根，何况二乘，以广大故。

是故，胜鬘！当以摄受正法开示④众生，教化众生，建立众生。如是，胜鬘！摄受正法，如是大利，如是大福，如是大果。胜鬘！我于阿僧祇、阿僧祇劫说摄受正法功德义利，不得边际。是故，摄受正法，有无量无边功德。"

【注释】

①随喜：梵语为 anumodana，巴利语同。即见到他人行善或离苦得乐而心生欢喜。《大智度论》卷六十一说，随喜者的功德胜过行善者本人。佛教中之所以宣扬随喜，是因为众生虽然明知应该行善，但

由于以自我为中心而心念颠倒，总是对他人的善行善事、福德慧德心生嫉妒，然后故意阻碍或破坏，这是修菩萨行的大障。如果能够修随喜，时时随喜一切功德，就一定能开阔心胸，培养慈悲心，趣入菩提大道。

②魔：梵语为mara，巴利语同。意为杀者、夺命、能夺、能夺命者、障碍。指夺取人的生命，而妨碍善事的恶鬼神。又由内观而言，烦恼、疑惑、迷恋等一切能扰乱众生的不清净的心态，均称为魔；由自己身心所生的障碍称为内魔，来自外界之障碍称为外魔，二者合称为二魔。《瑜伽师地论》卷二十九列举出四魔，也是比较通用的说法，依次为：（一）五蕴能生起种种苦恼，是夺取生命之原因，称为五蕴魔，或作阴魔、蕴魔等；（二）能招感从生至死的烦恼，称为烦恼魔；（三）"死"本身称为死魔；（四）障碍解脱生死者，称为天子魔，又作天魔。

③须弥山：须弥，梵语名Sumeru，巴利语名同。意译作妙高山、善高山、善积山、妙光山、安明由山。原为古代印度文化中的山名，佛教的宇宙观沿用了这一说法。佛教认为宇宙是由无数个世界所构成，每一世界最下层称为风轮；风轮之上为水轮；水轮之上为金轮；金轮之上即为山、海洋、大洲等所构成之大地；而须弥山就是位于这个世界中央的高山，是这个世界的中心。

据《长阿含经》卷十八《阎浮提洲品》称，须弥山高出水面八万四千由旬，水面之下也深达八万四千由旬，山体高耸笔直，山中草木繁茂，山的四面和四角突出，有四大天王的宫殿，山的根基处有纯金沙。山有上、中、下三级"七宝阶道"，夹道两旁有七重宝墙、七重栏楯、七重罗网、七重行树，那里的门、墙、窗、栏、树等，质地都是金、银、水晶、琉璃等。全山奇树异草，香风四起，有无数珍禽，相和而鸣。诸鬼神住于其中。须弥山顶有三十三天宫，为帝释天居住之处。而其他天界的众生，在须弥山顶上的虚空中。

又据《阿毗昙论》卷二《数量品》记载，以须弥山为中心，外围有八大山、八大海顺次环绕，八山之山名顺次为：由乾陀、伊沙陀、诃罗置、修腾娑、阿沙干那、毗那多、尼民陀、铁围山。第七山尼民陀与铁围山之间的海叫碱海。须弥四洲为弗婆提、瞿陀尼、阎浮提、郁单越，各位于碱海中之东西南北四方，我们就居住在南面的阎浮提洲。

④开示：开是开发的意思，即破除众生的无明，开显本具的智慧；示是显示的意思，疑惑和障碍已经破除，智慧已开发出来，诸法的实相和种种功德就会显现出来。

【白话】

听完胜鬘讲述"摄受正法"能够产生种种大精进力的法义，佛陀随喜赞叹道："确实如此啊，胜鬘！'摄受正法'会生起极大的精进力！摄受正法的力量极大，就好比大力士，稍微碰一下他人，他人就会感到剧烈疼痛。胜鬘呀，同样道理，只要坚信真理并身体力行地做到一点点，就会令干扰修习正法的内、外魔王产生苦恼不安。除去'摄受正法'，我还没有见到任何其他向善之法能令诸魔王如此痛苦。

'摄受正法'又好比牛中之王。牛王的体形毛色无与伦比，同样道理，信仰大乘的行人只要坚信真理并身体力行地做到一点，便会胜过声闻、缘觉两乘一切修行人所得的功德。究其原因，就是因为摄受正法者的见地与行愿实在太广大了啊！

'摄受正法'又好比众山之王——须弥山。须弥山它庄严雄伟，奇特殊胜，无与伦比，同样，'摄受正法'的大乘行人舍弃身体、生命、财产三者，以慈悲心教化众生追求真理实践真理，其言行远远超过了那些初发心修学大乘的所有菩萨。因为后者才开始'摄受正法'的学习，尚未明了身、命、财三者本质虚妄不实而不能舍弃。初发心菩萨尚且无法比拟，更何况声闻、缘觉二乘的人！究其原因，就是因为摄受正法者的见地与行愿实在太广大了啊！

所以，胜鬘啊！应该用'摄受正法'来教化众生，开显众生本具的智慧，在众生心中建立正确的见解，使众生安住于正法。要这样行事才是正确的，胜鬘！'摄受正法'有如此大的利益，有如此大的福德，有如此大的果报。胜鬘啊！'摄受正法'的功德和利益，即使从漫无边际的久远之前开始宣说，再经过漫长无限的时间也说不完！总而言之，'摄受正法'有无量无边的功德！"

【评析】

本段所讲就是佛对胜鬘所言内容的印证和赞叹。佛以大力士、牛王、须弥山为喻来进一步说明"摄受正法"的力量之大、"摄受正法"的殊胜和摄受正法者的伟大，最后总结菩萨应该如何以"摄受正法"利益群生，并再次感叹"摄受正法"的巨大利益。

这里，佛陀提到要"开示众生"，就是为众生开显佛的知见；"教化众生"，就是使众生进入佛的知见安住于正法。这与《法华经》中所讲的"开、示、悟、入"深入佛法四阶段是一个意思。

此处，以佛陀之口再三强调"摄受正法"功德，为下文的一乘一统三乘起到铺垫作用。

【经文】

佛告胜鬘："汝今更说一切诸佛所说'摄受正法'。"

胜鬘白佛："善哉，世尊！唯然受教。"即白佛言：

"世尊，摄受正法者是摩诃衍。何以故？摩诃衍[①]者，出生一切声闻、缘觉、世间、出世间善法。

世尊，如阿耨大池[②]出八大河，如是摩诃衍，出生一切声闻、缘觉、世间、出世间善法。

世尊，又如一切种子皆依于地而得生长，如是一切声闻、缘觉、世间、出世间善法，依于大乘而得增长。

是故，世尊！住于大乘，摄受大乘，即是住于二乘，摄受二乘一切世间出世间善法。"

【注释】

① 摩诃衍：梵语为 maha-yana。乃摩诃衍那的略称，指大乘教法。详见前注释大乘条。

② 阿耨大池：阿耨，即阿耨达池，梵语为 Anavatapta，巴利语为 Anotatta、Anava-tatta，印度古代相传之阎浮洲四大河或八大河的发源地。意译为无热恼池、无热池、清凉池。依《大毗婆沙论》卷五、《俱舍论》卷十一等书所说，此池位于大雪山之北，香醉山之南，方圆有八百里，以金、银、琉璃、颇梨等四宝装饰岸边，池中金沙弥漫，波平如镜。从池东面银牛之口出恒河，南面金象之口出信度河，西面琉璃马之口出缚刍河，北面颇胝狮子之口出徙多河，四大河各绕池一匝而入海。

近代民族学研究者称，这是太古时代雅利安人未分东西以前，同住在帕米尔高原时产生的说法。如果此说成立，那么阿耨达池可能位于中国的嵌岭山上。还有学者主张位于喜马拉雅山的恒河之水源即是阿耨达池，或指在西藏的玛那沙罗瓦尔湖。相传阿育王曾委托他的儿子摩哂陀携带贵重物品赠与锡兰王，其中就包括阿耨达池水，由此可知印度自古对此池就甚为尊崇。

【白话】

接着，佛对胜鬘道："你现在应该继续演说一切佛都在演说的'摄受正法'。"

胜鬘回答说："好的，世尊！我按照您的教导继续演说。"

于是，胜鬘继续说道："'摄受正法'，就是大乘教法。为什么呢？因为一切声闻、缘觉所修习的一切世间和出世间的向善之法都来自大乘教法（摩诃衍）！

世尊！这就好比那阿耨大池流出世间著名的八大河流，大乘教法也是如此，声闻、缘觉二乘所修习的一切世间出世间的善法也都是从大乘法中出生的！

世尊！又好比一切种子，无不依赖大地得以生长，同样，一切声闻、缘觉二乘之人所修习的世间出世间一切善法都是依此大乘才得以增长的！

世尊啊！所以，我才说身心安住于大乘中摄受大乘佛法，就等于住于声闻、缘觉二乘之中，摄受了这二乘所修习的一切世间及出世间的善法。"

【评析】

自此以下，胜鬘开始逐步引出一乘的道理。一乘本是佛的境界，只有佛才真正了解，胜鬘由于信心使宿世智慧显发，只是从理论上悟道，自身并没有完全证道。所以前面受戒发愿是主动的，这里却应佛的要求才说。

前面说"摄受正法"与"波罗蜜"无异，其实已经有"摄受正法"是大乘的意思，只不过这里说得更为明确。胜鬘用两个比喻来说明声闻、缘觉二乘出自大乘，并且只有依止大乘教法福慧才能得以增长，后文将逐层加以论证说明。

【经文】

"如世尊说六处，何等为六？谓正法住，正法灭，波罗提木叉①，毗尼②，出家，受具足③。为大乘故，说此六处。

何以故？正法住者，为大乘故说。大乘住者，即正法住。正法灭者，为大乘故说。大乘灭者，即正法灭。波罗提木叉，毗尼，此二法者，义一名异。毗尼者即大乘学。何以故？以依佛出家而受具足。是故说大乘威仪戒是毗尼，是出家，是受具足。是故，阿罗汉④无出家受具足。何以故？阿罗汉依如来出家受具足故。"

【注释】

①波罗提木叉：梵语为 pratimoksa 或 pratimoksa，巴利语为 patimokkha 或 patimokkha，指佛教信众为防止行为和语言方面的杀、盗、淫、妄语、恶口、两舌、绮语等七种过失，远离各种烦恼惑业而得到解脱所要受持的戒律。这些戒律可以防护语言和行为方面过失，增长善法功德，是所有善法中的入门部分。如果坚守戒律，就能远离内心迷乱的状态，得到无漏清净智，世间各种学问无法相比，所以有无等学之誉，如《善见律毗婆沙》卷七曰："于诸光明，日光为王；于诸山中，须弥为最；一切世间学，波罗提木叉为最；……佛以无等学而制。"戒律是成就有为、无为二种解脱之果必不可少的条件。

②毗尼：梵语为 vinaya。律，含有调伏、灭、离行、善治等意思，是释迦牟尼佛在指导弟子的修道生活中，针对具体需要而制定的比丘、比丘尼所须遵守的生活规范。律与戒有区别，律应出家众的请求而制定，内容记录后来构成佛教三藏之一，称为律藏，或调伏藏、毗尼藏。小乘律藏及其所述的规定，称为小乘律；《梵网经》等大乘律典及其所述之规定，称为大乘律。依据律藏专门修持戒律为主的教派，就称为律宗，是汉传佛教特有的一个宗派。

③具足：即具足戒，梵语为 upasampanna，巴利语同。意译近圆，有亲近涅槃的意思，略称为具戒，是指比丘、比丘尼所应受持之戒律。因与沙弥、沙弥尼所受十戒相比，戒品具足，所以叫具足戒。按照戒法规定，受持具足戒表示正式取得比丘、比丘尼之资格。

④阿罗汉：梵语为 arhat，巴利语为 arahant，为声闻乘四种修行阶位之一。意译应供、应真、杀贼、不生、无生、无学等。指断尽三界的见、思之惑，彻底证悟四谛，而能堪受世间大供养的圣者。一般专指小乘佛教中之最高果位。

"杀贼""不生""应供"三义，称为阿罗汉三义：（一）杀贼，贼，指见、思之惑。阿罗汉能断除三界见、思之惑，故称杀贼。（二）不生，即无生。阿罗汉证入涅槃，而不再受生于三界中，所以称为不生。(三)应供,阿罗汉得漏尽,断除一切烦恼,应受人天之供养,故称应供。

【白话】

"比如以前世尊曾宣说佛法起行的六处。哪六处呢?就是正法住世、正法灭亡、大乘入门所应遵守的戒律、出家信徒所应遵守的戒律、出家、受具足戒。佛陀当时是为声闻、缘觉二乘行人宣说的,但实际上这六处出于大乘教法,是为大乘行者所说。

为什么这样说呢?言正法住世是为大乘而说,是因为大乘住世才真正是正法住世。同样说正法灭亡也是为大乘而说,因为一旦大乘灭亡,正法也就消亡了。而大乘入门所应遵守的戒律和出家信徒所应遵守的戒律意思相同,只是名称相异而已。出家信徒所应遵守的戒律也是大乘行者所要修学的,为什么呢?因为大乘行者跟随佛陀出家,从佛陀处得受具足戒,而佛非小乘,所以大乘要求遵守的威仪戒就是毗尼,就是出家,就是受具足戒。从这个角度上说,声闻乘修行的最高果位阿罗汉并非另有出家,另有具足戒可受。为什么呢?因为阿罗汉也是依从如来出家并受具足戒的啊!"

【评析】

六处最早是佛为声闻众所说。但是,既然声闻、缘觉二乘来源于大乘,那么六处自然也源自大乘,是大乘的方便,所以称六处是"为大乘故说"。

接下来说明原因:正法的住世与否,主要是看大乘,只有大乘才代表正法;出家、受戒,都是依佛而来,而佛非小乘,所以戒、律都源于大乘。这样探求根源,得出结论——六处的确是出自大乘。

这里提到"波罗提木叉"和"毗尼"两种戒律。实际上,戒与律原有不同的意义。"戒"指内心自发性地遵守一切律文,属于精神的、自律的。"律"指为维持教团秩序而规定的种种纪律条项及违犯时的处罚原则，属于形式的、他律的。两者并非分离而行，而是平行地共同维持教团之秩序。"戒律"并用就是指维持佛教教团的道德性、法律性的规范。戒律在印度佛教中，是所有佛教徒必须遵守的准则，所以佛法起行的六处中有三项都与戒律相关。

【经文】

"阿罗汉归依于佛，阿罗汉有恐怖。何以故？阿罗汉于一切无行怖畏想住，如入执剑欲来害己，是故，阿罗汉无究竟乐。何以故？世尊，依不求依，如众生无依彼彼恐怖，以恐怖故，则求归依。如阿罗汉有怖畏，以怖畏故，依于如来。"

【白话】

"声闻、缘觉二乘与大乘的区别在于：阿罗汉虽然也皈依于佛，却仍有怖畏之心。为什么呢？因为阿罗汉仍然认为色、受、想、行、识五阴等一切无自性的法是实有，害怕这些所谓的实法的逼迫，这种思想负担就好像有人要持剑来杀自己，所以，阿罗汉是没有究竟安乐的。为什么这么说呢？世尊啊！凡能作为众生皈依处者，自身无须求有所依。而世间的众生因为无依无怙，所以会产生种种恐怖，由于有这样或那样的恐怖，众生才会寻求皈依。阿罗汉还有恐怖畏惧心理，正因为如此而归投于佛陀寻求保护。"

【评析】

胜鬘在未正式开讲一乘之前，先阐述二乘的不圆满，开始为论证二乘归入一乘做准备。胜鬘首先声明声闻乘的最高果位——阿罗汉的证境不究竟。她说，阿罗汉的烦恼还没有断尽，尚未证得真正的涅槃，认为只有佛证得的才是真正的涅槃。根据佛教修证次第的划分，阿罗汉的涅槃其实只是一种禅定状态，叫灭尽定，只是依靠禅定的力量压制住细微的烦恼，未从根本上断除烦恼，所以，尽管禅定中有乐产生，却非究竟之乐。

关于心的归宿的问题一直是人类精神领域的一个大问题，因而佛教一开始就讲皈依。皈依的目的无非是求得心的稳定和安乐，由于众生有各种各样的畏惧心理，或显或隐，或大或小，所以都在追求这种状态。由于认识不同，追求方式各异，答案也就大相径庭。有人认为自己找到了，有人认为根本就没有而放弃，或者用其他放浪形骸的方式麻醉自己，暂时忘记痛苦和不安。如果心找到一个可以依靠的对象，那么这个对象应该是什么样的？理所当然，应当是圆满的，具有终极关怀性质的，是"依不求依"。既然阿罗汉也皈依于佛，就可以推断阿罗汉还是不圆满、不究竟的。

阿罗汉为什么有恐怖？因为"阿罗汉于一切无行怖畏想住"。这一句翻译得似乎不够明确。"无行"是指什么？这是理解这一句的关键。有人认为是指涅槃，笔者认为不妥。"无行"应该是指阿罗汉所怖畏的境，也就是五蕴等法，这与声闻乘的见地有关。大乘认为五蕴等法性空无体，所以叫"无行"。而声闻认为人我是假有，而法我是实有，对五蕴等法也就心怀恐惧，只有逃避，进入所谓的涅槃。也正是基于这种见地，阿罗汉只证得"人我空"，不能证得"法我空"，或者说，阿罗汉只断除"烦恼障"，还未断"所知障"。不妨援引《宝性论》为证，阿罗汉"不断一切烦恼习气，故于一切有为行相，生极怖心常现在前"。此外，藏文本将这一句译为"阿罗汉于一切行不尽"，也正是这个意思，"不尽"，就是没有证得法我空。

【经文】

"世尊！阿罗汉、辟支佛有怖畏，是故，阿罗汉、辟支佛有余生[①]法不尽，故有生；有余梵行[②]不成，故不纯；事不究竟，故当有所作；不度彼故，当有所断。以不断故，去涅槃[③]界远。"

【注释】

① 有余：梵语为 sopadhi-sesa。指没有究竟至极，尚有余存的意思。与"无余"对称。

② 梵行：梵语为 brahma-carya，巴利语为 brahma-cariya，是出家、在家二众所修的离欲清净行。《增一阿含经》有："若有人戒律具足而无所犯，此名清净修得梵行。"《大方等大集经·不眴菩萨品》、《大宝积经·大神变会》等处，以八正道为梵行；《大般涅槃经·梵行品》以慈、悲、喜、舍四无量心为梵行，名住知法等七善法为梵行具足，这些都是广义的梵行。

③ 涅槃：梵语 nirvana，巴利语为 nibbana，全称为涅槃那。包含了灭、寂、寂灭、寂静、灭度等意思，玄奘译为圆寂。在印度原指火的熄灭或风的吹散，出现在佛教经典上以后，便赋予它以新的内容，转指燃烧烦恼之火灭尽，觉悟菩提的境地。这是超越生死迷界的悟界，是佛教实践的终极目的，被列为表征佛教特征的法印之一，称作"涅槃寂静"。

佛教以外的教派虽也有涅槃之说，但与佛教含义迥然不同，涅槃现在差不多变成佛教特有的名词了。《大般涅槃经》中举出二十五种，《四谛论》列有六十六种异名，一般经论中所常见到的无为、真谛、不生、解脱、无畏、安稳、无上、无戏论、无诤，以至真如、实相、如来藏、法身等等，都是涅槃的异名。

有人以为死即是涅槃，这是错误的，有贬于这一庄严的称呼。释迦牟尼在菩提树下成道证得涅槃是本经中所说的"得阿耨多罗三藐三菩提者即是涅槃"，与死毫不相关。严格来说，圣者之死应叫做"般涅槃"，般是"全无残余"的意思，意义接近于阿罗汉最后身心俱灭的涅槃境界，这显然和佛陀在菩提树下所证得的"现法涅槃"不同。

涅槃一般分为四种：有余涅槃、无余涅槃、无住涅槃、自性涅槃。

（1）有余涅槃与无余涅槃：小乘声闻以灭尽生死为涅槃，把自解脱轮回到生死灭尽的涅槃过程分为两个阶段。阿罗汉惑业已尽，心得寂灭，断尽生死之因，但还留下身体尚在，名有余涅槃，或有余依涅槃。待到残余的躯体也死亡，身心俱归寂灭，未来的生死永灭，则名无余涅槃，或无余依涅槃。

大乘佛教认为，菩萨在断除分段生死而未断除变易生死之前，为有余涅槃，完全断除变易生死，为无余涅槃。

（2）无住涅槃：是大乘所追求的涅槃。即不脱离生死，在生死中证得涅槃，同时又不住于生死，不沉浸于涅槃之乐，而是利乐有情悲愿无尽。

（3）自性清净涅槃，指虽有客尘烦恼，而自性清净，湛如虚空。《成唯识论》解释道："谓一切法相真如理，虽有客染而本性净，具无数量微妙功德，无生无灭湛若虚空，一切有情平等共有，与一切法不一不异，离一切相一切分别，寻思路绝名言道断，唯真圣者自内所证，其性本寂，故名涅槃。"

声闻人所证的涅槃只是个人享受的法味与安乐境界，对人生社会缺乏积极的意义。大乘佛教的最高义理是般若空智和大悲圆融不二，因为空智，所以不存在有见和无见，生死见和涅槃见，众生见和佛陀见，由此说涅槃时无一法不是涅槃，实无众生可度；因为大悲，所以不乐涅槃，永远做度众生的事业，"一切众生我皆令入无余涅槃而灭度之"，表现出佛教积极进取朝气蓬勃的一面。

【白话】

"世尊！声闻乘的最高果位阿罗汉和缘觉乘的最高果位辟支佛还都有畏惧之心，由此得出，他们尚未证悟生死法门，因而仍未摆脱生死；他们已成就的清净行不究竟，因而仍未达到尽其生而成就清净行的终极目标；他们修得的智慧不究竟，没有证得真正的涅槃，因而并非真正做到觉行圆满，还应当继续努力；他们没有真正渡过生死苦海，因而还当继续修证断尽烦恼。由于尚未彻底消除所有烦恼，所以他们离真正的涅槃还远着呢！"

【评析】

上一段讲了声闻乘人有恐怖感要在佛处寻求保护与安乐，这里胜鬘继续深入，从"罗汉四智"入手来说明声闻、缘觉两乘的最高果位都不究竟。罗汉四智是指声闻、缘觉两乘行者觉悟四谛的智慧，为"我生已尽，梵行已立，所作已办，不受后有"。"我生已尽"是对苦谛的证悟，指断尽未来苦果，属于断"集"之智；"梵行已立"是对灭谛的证悟，指修行成就，建立清净的修行，属于修道之智；"所作已办"是对道谛的证悟，指成功扫除修行障碍，属于证灭之智；"不受后有"是对集谛的证悟，指断尽烦恼与善恶业报，不受后世苦果，属于断苦之智。胜鬘首先道出两乘果位不究竟的原因是"有怖畏"，接着依次从四方面分析，得出结论——两乘修证距离究竟涅槃还很远。

阿罗汉、辟支佛证果不究竟，就其根源见地问题。阿罗汉认为"我空法有"，辟支佛认为人我是假有，诸法中无方分（无方分，类似于现代几何学中所说的"点"，没有大小、体积，极其微小）的极微尘也不是实有，但心识是实有的。所以说，对于法我空，辟支佛也只能证得一半，这就决定了其成就的不圆满，不能完全了脱生死，"去涅槃界远"是理所当然的了。当然，与佛菩萨相比，阿罗汉和辟支佛还有许多不足，但根本原因还是在于见地的偏差。

也由此可见胜鬘的智慧非同寻常，在阿罗汉和辟支佛与佛相比众多的差异中以"有怖畏"为突破口来论述，而"有怖畏"又来自二者皈依于佛的现象。由显而易见的事物入手，人人都可以接受，从而回避了种种常人难以看到、难以理解的论证。又，从"有怖畏"一点，推导而得的结论足以让人明白双方差距之大，无需再费力给出双方的所有不同。

【经文】

"何以故？唯有如来应正等觉得般涅槃，成就一切功德故；阿罗汉、辟支佛不成就一切功德，言得涅槃者，是佛方便。唯有如来得般涅槃，成就无量功德故；阿罗汉、辟支佛成就有量功德，言得涅槃者，是佛方便。唯有如来得般涅槃，成就不可思议功德故；阿罗汉、辟支佛成就思议功德，言得涅槃者，是佛方便。唯有如来得般涅槃，一切所应断过皆悉断灭，成就第一清净；阿罗汉、辟支佛有余过，非第一清净，言得涅槃者，是佛方便。

唯有如来得般涅槃，为一切众生之所瞻仰，出过阿罗汉、辟支佛、菩萨境界。是故，阿罗汉、辟支佛去涅槃界远。"

【白话】

"为什么说阿罗汉和辟支佛在知苦、断集、修道、证灭这四种智上没有圆满，离不生不灭的涅槃境界尚远呢？这是与如来所证得的究竟涅槃两相比较而言的。只有如来证得超越时空的真如境界，因为如来已经成就了一切功德；而阿罗汉和辟支佛就没有成就一切功德，通常说他们也得到了涅槃，是佛的一种引导性的灵活说法。只有如来成就了无量的功德，所以说如来证得了超越时空的真如境界；而阿罗汉和辟支佛成就的只是有限的功德，说他们也证得涅槃，是佛的一种引导性的灵活说法。只有如来成就了不可思议的功德，所以证得超越时空的真如境界；而阿罗汉和辟支佛所成就的功德是可以想象的，说他们也得到涅槃，是佛的一种引导性的灵活说法。只有如来消除了一切所应消除的过患，成就了最根本的清净，因而证得超越时空的真如境界；而阿罗汉和辟支佛仍有过患需要断除，所以还没有达到清净解脱的最高境界，说他们也得到涅槃，仍然是佛的一种引导性的灵活说法。

正因为如此，我才说只有如来证得超越时空的真如境界，得到一切众生的恭敬瞻仰，远远超出一切阿罗汉、辟支佛和菩萨的境界。所以，阿罗汉和辟支佛，距离真正的涅槃境界还很远呢！"

【评析】

上节从阿罗汉、辟支佛出发说明其果位未达终极,是一种从下往上看的视角。本节角度变换,从上往下看,胜鬘以佛的究竟涅槃作比较,进一步说明阿罗汉、辟支佛的果位不圆满:只有佛成就了一切功德、无量功德、不可思议功德以及第一清净,所以佛证得真正涅槃,而阿罗汉、辟支佛在这几方面的修为都是有限的,无法与佛相提并论,由此推出其果位的不究竟。

那么为什么佛典中有赞颂阿罗汉和辟支佛的功德和涅槃呢?为了消除大家的疑惑,胜鬘在每一项比较后都要强调,说阿罗汉和辟支佛证得涅槃是佛出于教化众生的需要而采取的一种方便说法,他们实际距离真正的涅槃还很远。

【经文】

"言阿罗汉、辟支佛观察①解脱四智②究竟得苏息③处者,亦是如来方便,有余不了义④说。

何以故?有二种死,何等为二?谓分段死⑤,不思议变易死。分段死者,谓虚伪众生。不思议变易死⑥者,谓阿罗汉、辟支佛、大力菩萨意生身⑦,乃至究竟无上菩提。"

【注释】

①观察:这里指观察四谛、十二因缘。声闻乘的修行方法就是观察四谛,作十六种观。四谛是苦、集、灭、道,十六观是无常、苦、空、无我、因、集、生、缘、灭、静、妙、离、道、如、行、出。缘觉乘是观察四谛和十二因缘,十二因缘即无明、行、识、名色、六入、触、受、爱、取、有、生、老死。

②四智:就是由观察四谛得到的对应的四种智慧,即:我生已尽、梵行已立、所作已办、不受后有。(一)我生已尽,指断尽未来

苦果，属于断集之智。（二）梵行已立，指修行成就圣道，属于修道之智。（三）所作已办，指断障证灭成功，属于证灭之智。（四）不受后有，指无学圣人已断尽生死惑业，不再受后世苦果，属于断苦之智。

③ 苏息：苏，是苏醒的意思，比喻从生死轮回的大梦中醒过来；息，休息，指心不再攀缘动荡而休息下来。苏息，在这里是指涅槃。

④ 了义：梵语为 nitartha。指直接、完全、没有剩余的、究竟的理义。佛教中，宣说这类义理的教法称为了义教，同样，宣说这类道理的经典，即称了义经。而顺应众生理解的程度的方便说法，则称为不了义。"依了义经，不依不了义经"即为四依——依法不依人、依了义经不依不了义经、依义不依语、依智不依识——之一。

⑤ 分段死：二种生死之一，又称作分段死、有为生死，是"变易生死"的对称。指三界众生的生死、六道中的生死。佛教中讲轮回，对于个体而言，一个生命周期结束，就又开始下一个，由于生死果报不同，各有类别、形貌、寿命的限度与差异，所以新生的状态可能与前世迥然不同，从总体来看，其生命是一段一段绵延相续的，所以称作分段生死。

⑥ 不思议变易死：也叫不思议变易生死，略称变易生死，变易死，或无为死。二种生死之一，与"分段生死"相对称。阿罗汉、辟支佛及大力菩萨等由其所定力、愿力招感三界之外的果报身，这种果报身殊胜微妙，不受身形相貌和寿命的限定。这种果报身的生死是菩萨于三界外心念上的生灭、迁流、变化，属于精神上的生死，与三界内凡夫肉体上的分段生死不同。

⑦ 意生身：梵语 mano-maya-kaya，又译作意成身、意成色身。指初地以上的菩萨为了济度众生而如意受生之身。中有之身、劫初之人、色界、无色界、变化身、界外之变易身等，均属意生身。《楞伽经》卷三有三种菩萨意生身的说法："所谓三昧乐正受意生身、觉法自性性意生身、种类俱生无行作意生身。""三昧乐正受意生身"指第三、第四、第五地菩萨修三昧时，证得真空寂灭的大乐，能普入一切

佛刹，随意无碍；"觉法自性性意生身"指第八地菩萨觉了一切诸法自性如幻如化，能以无量神力深入一切佛刹，迅速如意，自在无碍；"种类俱生无行作意生身"指第九、第十地菩萨觉知一切法皆是佛法，若得一身，无量身一时普现，好像镜子中的影像，能随诸种类而得俱生，虽然显现各种像，而无作为。如上种种意生身都要在三界中长时修菩萨行，以期最终成就无上菩提。

【白话】

"阿罗汉和辟支佛由观察四谛、十二因缘得到四种智慧，从而解脱生死，跳出轮回，证得涅槃，这种说法只是如来教化众生的方便，并非究竟之说。

为什么这样说呢？我们所说的死有两种，哪两种呢？一是'分段死'，二是'不思议变易死'。'分段死'是对三界众生而言，是生生世世寿命尽时的死，是阶段性的生死相续；而'不思议变易死'是对阿罗汉、辟支佛和得到'意生身'的大力菩萨而言的，他们的种种由意念化生出的身体都需在三界中继续修行菩萨道，只有成就佛的无上智慧，才能真正了脱变易生死。"

【评析】

这里说到了两种生死，即凡夫的生死和圣人的生死。对于六道众生而言，生死轮回相续，这一生的死又是下一世的生，生生世世循环往复，所以形象地称作"分段生死"。阿罗汉、辟支佛和得意生身的菩萨已经断除三界内的烦恼，了脱了凡夫的分段生死，但未得根本清净，所以还有由意念变化出的身体，仍存在生死——变易生死，这种生死要到成佛才能完全断除。从这个角度说，称阿罗汉、辟支佛证得涅槃确实是一种灵活的不究竟的说法。

关于意生身，《楞伽经》中说的较详细，可以参看。这种身不具有血肉实质，无形体、寿命的限制，通常指菩萨而言，也包括阿罗汉和辟支佛，以及凡夫死后的中有身等。如果按照唯识的义理，三千大千世界中的一切，包括我们父母所生的肉身，都是由意念所产生的。

【经文】

"二种死中，以分段死故，说阿罗汉、辟支佛智我生已尽；得有余果证故，说梵行已立；凡夫人天所不能办，七种学人先所未作，虚伪烦恼断故，说所作已办；阿罗汉、辟支佛所断烦恼更不能受后有故，说不受后有。"

【注释】

① 梵行：梵语为 brahma-carya^，巴利语为 brahma-cariya。清净的行为，也就是断绝淫欲的行为。修梵行的人死后可生于梵天。因为梵天断绝淫欲，所以把僧俗所修的清净行为称为梵行。

② 七种学人：小乘佛教声闻修道的阶位分为四向四果，依次是：须陀洹向（预流向）、须陀洹果（预流果）、斯陀含向（一来向）、斯陀含果（一来果）、阿那含向（不还向）、阿那含果（不还果）、阿罗汉向、阿罗汉果。第一项须陀洹向是最低位，阿罗汉果则是最高的悟境。证得阿罗汉果的人称为无学，其他七位是有学。有学之中最初的须陀洹向称为见道位，其他六者是修道位。所谓见道，是指已经断除见解上迷惑的阶位；所谓修道就是断除贪、嗔、痴、慢、疑等思想上的迷惑错误的阶位。断除这两方面的一切迷惑烦恼之后，就达到阿罗汉果。此处就是指阿罗汉果之前七个阶位的修行之人。

③ 后有：梵语为 punar-bhava。一般指未来之果报，即未证涅槃之人，于未来世将受的果报，"有"含有果报存在的意思，此处就是这一层含义。阿罗汉不受后有就是已经证到无生智，身心俱灭，于未来不再受果报。

此外，还指后世的身心。最后的生死身也称为后有，也就是所谓的"最后身",例如后有之菩萨、最后身之菩萨等,悉达多太子之身即属此最后身。

【白话】

"两种死当中,若从分段生死角度而言,阿罗汉和辟支佛已经超越生死,所以说'我生已尽';虽然二者证得的果位并不究竟,但毕竟证得了,所以说已经建立梵行;人天乘的行者和处于声闻乘修道途中前七个阶位的行者还不能了知烦恼本质虚妄,而阿罗汉和辟支佛已经成功断绝烦恼,所以说'所作已办';既已断绝根本烦恼,就等于清除了分段生死之因,因而阿罗汉和辟支佛不再受生重入生死轮回,所以说没有未来世要受的果报。"

【评析】

以前佛为什么说阿罗汉、辟支佛都证得了四智、获得了解脱呢?在这里给出了答案。从"分段生死"的层次来说,阿罗汉和辟支佛已然超越,所以四种智慧——"我生已尽,梵行已立,所作已办,不受后有"(《俱舍论》卷二十六)都能成立。但是,如果上升到"变易生死"的高度,显然,四智还需要往上继续修行。

下面将从另一个角度分析阿罗汉、辟支佛的不究竟。

【经文】

"非尽一切烦恼,亦非尽一切受生,故说不受后有。何以故?有烦恼①是阿罗汉、辟支佛所不能断。

烦恼有二种。何等为二?谓住地②烦恼,及起烦恼③。住地有四种,何等为四?谓见一处住地④,欲爱住地⑤,色爱住地⑥,有爱住地⑦。此四种住地,生一切起烦恼。起者刹那心刹那相应⑧。世尊,心不相应无始无明⑨住地⑩。"

【注释】

① 烦恼：梵语为 klesa，巴利语为 kilesa。指恼乱身心，使之不能寂静的种种心理作用。人为达到个人目的，有意识或无意识间常沉迷于苦乐感受而招致烦恼的束缚。觉悟为佛教的最高目的，以此为标准，妨碍实现觉悟的一切精神作用皆通称为烦恼。

② 住地：唐代译为习地。"地"有能依之而住、能使草木出生的作用，以此来形容四种较为根本的烦恼。它们是其他烦恼的根源，促使其他烦恼生起。

③ 起烦恼：由四种住地烦恼生起的烦恼。

④ 见一处住地：指一切众生对真理产生迷惑而起的烦恼，属于见道时所要断的烦恼。

⑤ 欲爱住地：欲是欲界，爱是贪爱。指欲界众生由于贪爱而产生思想上的迷惑错误，由执着于色、声、香、味、触五欲而引发的烦恼。

⑥ 色爱住地：色是色界，爱是贪爱。指色界一切众生思想上的迷惑错误，主要是指舍掉外在的五欲却执着于自己身体所引发的烦恼。

⑦ 有爱住地：又作无色爱住地，指无色界众生思想上的一切迷惑错误，主要是指舍离色身贪爱而爱着己心所引发的烦恼。

⑧ 相应：梵语为 samprayukta，巴利语为 sampayutta。指法与法相互间有相互呼应的关系，特别指心法与心所法之间的关系而言。

⑨ 无明：梵语为 avidya^，巴利语为 avijia^。是烦恼的别称。"明"是智慧、学识。因此，"无明"的语意就是无智。此外，将不明白真如的道理特称为无明；或将不能明了抉择、明了诸法事理的烦恼，称为无明，也叫做痴烦恼。通常而言，无明指最根本的烦恼，是有情迷惑的根源，居于十二因缘第一支，是带来生、老、病、死等一切苦的原因。无明若灭，则一切诸苦即可消灭。

⑩ 无明住地：梵语为 avidya^va^sabhu^mi。指三界的一切无明，是一切无知的根源，一切烦恼的根本。无明住地属于根本烦恼、枝末

烦恼中的根本无明，是我执、法执二执中的法执，是一切烦恼的所依，也是变易生死的根本原因。

【白话】

"这里说没有未来世要受的果报，并不等于阿罗汉、辟支佛已经断尽一切烦恼，不再有任何受生之因。为什么呢？因为还存在阿罗汉和辟支佛不能断除的烦恼。

烦恼有两种，哪两种呢？一种为'住地烦恼'，是潜在的、较根本的烦恼；另一种为'起烦恼'，是由住地烦恼生起的烦恼。'住地烦恼'有四种，哪四种呢？一是'见一处住地烦恼'，即众生对真理产生迷惑而起的烦恼，属于见道时所要断的烦恼；二是'欲爱住地烦恼'，即欲界众生由于贪爱执着于色、声、香、味、触等五欲而引发的烦恼；三是'色爱住地烦恼'，即色界众生执着于自己身体所引发的烦恼；四是'有爱住地烦恼'，即无色界众生贪爱己心所引发的烦恼。这四种住地烦恼是一切烦恼的根本，一切烦恼皆从它们而生起。至于起烦恼，它是现前生起的，与心刹那刹那相应。世尊啊，那与心不相应的，是无始以来的'无明住地烦恼'。"

【评析】

生死的原因就是烦恼。前文分析阿罗汉和辟支佛已经超越"分段生死"，此处开始着手分析二者还未摆脱"变易生死"的原因，由此引出五种住地烦恼，其中包含了变易生死存在的基础，是声闻、缘觉二乘所不能断除的。从而，由侧面再次强调引入一乘的必要。

佛教，根据众生所造善、恶业及修不同的定业而感招致的苦、乐、色、无色等不同果报，建立起欲界、色界和无色界三类世界，称为"三界"。欲界是有淫欲、食欲众生居住的世界，上自六欲天，中自人畜所居的四大洲，下至无间地狱皆属之；色界是无淫欲、食欲二欲但还有身体形状的众生所住的世界，四禅十八天皆属之；无色界是身相俱无，但心识住于深妙禅定的众生所住的世界，四空天属之。此三界都是凡夫生死往来的境界，经典中"三界众生，轮回六趣"就是这个意思，所以佛教行者以跳出三界为目的。

在上述几种烦恼中，住地烦恼是潜在的，起烦恼是现前显现并发生作用的。四种住地烦恼又分别对应三界的见惑、思惑。见惑属于对真理认识上的错误，思惑则属于思想深处的迷惘和错误观点，根源于贪爱。另有一种住地烦恼是无明住地烦恼，它是一切烦恼的根本。说到无明住地时，胜鬘用了一个词——"无始"，强调其根本性，并体现了其与心不相应的性质。断除无明住地烦恼是如来藏概念出现的逻辑前提，下面就要详细讨论它。

【经文】

"世尊，此四住地力，一切上烦恼依种，比无明住地，算数譬喻所不能及。

世尊，如是无明住地力，于有爱数四住地，无明住地其力最大。譬如恶魔波旬①于他化自在天，色、力、寿命、眷属、众具，自在殊胜。如是无明住地力，于有爱数四住地，其力最胜。恒沙等数上烦恼②依，亦令四种烦恼久住。

阿罗汉、辟支佛智所不能断，唯如来菩提智之所能断。如是，世尊！无明住地最为大力。"

【注释】

①波旬：梵语为Papiyas或Papman，巴利语名Papiya或Papimant。意译杀者、恶物、恶中恶，指断除人之生命与善根的恶魔。据《太子瑞应本起经》卷上载，波旬是欲界第六天的首领，《大智度论》卷五十六称其为"自在天王"。此魔王常追随佛及诸弟子，企图扰乱修道。

②上烦恼：在这里指前文的起烦恼。

【白话】

"世尊,这四种住地烦恼具有很大的力量,它们是一切上烦恼,也即起烦恼的依赖和根基。但力量更大的则是更为深层的无明住地的根本烦恼。二者相比,其间的差别难以用数字或种种譬喻说清楚。

世尊啊!这无明住地烦恼与上面有爱等四种住地烦恼相比,力量大多了,若用比喻来勉强说明,这无明住地好比统治他化自在天的恶魔波旬。他化自在天在欲界六天中,各个方面都远非其他各天所能媲美,波旬更是相貌庄严、精力充沛、寿命长久、眷属众多、所需皆备、生活自在、神通广大,又远远胜过其他所有的他化自在天众。与此类似,无明住地烦恼与有爱等四种住地烦恼相比,其力量也是最大的,不但恒河沙数的起烦恼依赖它而生起,四种住地烦恼也是依赖它而得以久住。

正因为如此,仅凭阿罗汉和辟支佛所证智慧是无法断除无明住地烦恼的,只有如来的无上菩提智慧才能做到!世尊,无明住地烦恼的力量在诸烦恼中实在是太大了!"

【评析】

本段胜鬘为听法大众形容无明住地烦恼力量之大,之难以断除。波旬是佛教修道上等级最高、力量最大的魔王,曾经在佛陀成道前夜百般阻挠。这里用波旬的力量作喻来说明无明住地烦恼在所有烦恼中力量最大,它不仅是其他四种住地烦恼同时也是所有起烦恼赖以存在的基础。阿罗汉、辟支佛修为有限,只有佛的成就才能完全断除无明住地烦恼。这里彰显佛陀修证的彻底性,再次证明二乘的所谓涅槃不究竟。

对于众生来说,妨碍解脱的主要原因是烦恼障和所知障。无明住地就是所知障的根据地,四种住地和起烦恼是烦恼障的源头。烦恼障依所知障而存在,由此,可将无明住地烦恼、有爱等四种住地烦恼和起烦恼的关系以树作比,其间关系一目了然:无明住地是所有烦恼产生的根源，相当于树根；四种住地烦恼依赖无明住地而存在，相当于树干；起烦恼则依靠四种住地烦恼而现起现落，相当于枝条；至于其他烦恼，则相当于树叶了。显而易见，修道入手处是"树叶"，渐及树枝、主干，最后挖去树根。阿罗汉和辟支佛只相当于砍去地面部分，只有佛的修证才做到"断树除根"。

【经文】

"世尊，又如取①缘，有漏②业③因，而生三有④；如是无明住地缘，无漏⑤业因，生阿罗汉、辟支佛、大力菩萨三种意生身。此三地、彼三种意生身生，及无漏业生，依无明住地，有缘非无缘。是故，三种意生及无漏业缘无明住地。世尊，如是有爱住地数四住地，不与无明住地业同。无明住地异离四住地，佛地所断，佛菩提智所断。"

【注释】

① 取：梵语为 upadana，巴利语同。烦恼的异名，这里指四种住地烦恼。

② 有漏：梵语为 sasrava。与"无漏"对称。漏，梵语为 asrava，流失、漏泄的意思，是烦恼的异名。贪、嗔等烦恼，日夜由眼、耳等感官和意识漏泄不止，所以称为漏。又，"漏"有漏落的意思，形容烦恼能令人落入三恶道。众生由于烦恼所产生的过失、苦果，使人在迷妄的世界中流转不停，难以脱离生死苦海，故称为有漏。

③ 业：梵语为 karman，巴利语为 kamma。是造作的意思，指行为、所作、行动、作用、意志等身心活动，或单由意志所引生的身心活动。一般而言，分身、语、意等三业。若与因果关系结合，则指由过去行为延续下来所形成的力量。

④ 三有：有，梵语为 bhava，指欲有、色有、无色有，意思与三

界相同。(一)欲有，欲界天、人、修罗、畜生、饿鬼、地狱等各类众生各随其业因而受果报，称为欲有。(二)色有，色界四禅诸天的众生虽然脱离欲界粗染厚重的身体，但有清净之色，称为色有。(三)无色有，无色界四空诸天的众生虽然没有色质为碍，但也随所作之因，受其果报，称为无色有。

⑤无漏：梵语为 anasravah。与"有漏"对称。离烦恼垢染的清净法为无漏，如涅槃、菩提以及一切能断除三界烦恼之法。

【白话】

"世尊，无明住地与阿罗汉、辟支佛和大力菩萨的三种意生身之间的关系，好比有爱等四种住地与凡夫有漏身之间的关系。凡夫以有漏业力为直接动因，以取，即有爱等四种住地烦恼为辅助条件，而形成欲有、色有和无色有等三有，招致在三界中轮回不已的果报。同理，以断除三界烦恼的意愿为直接原因，以无明住地烦恼为辅助条件，而生起阿罗汉、辟支佛和大力菩萨的三种意生身。阿罗汉、辟支佛和大力菩萨这三种修行阶位和他们相应的三种意生身，以及感招意生身的无漏业都根植于无明住地烦恼，都是以无明住地烦恼为依据，而非无缘无故而产生的啊！所以说，三种意生身以及无漏业都是以无明住地烦恼为缘而生起的。世尊！由此可知有爱等四种住地与无明住地不同，有爱等四种住地烦恼可以由阿罗汉、辟支佛及大力菩萨所证的四种智慧来解决，而无明住地烦恼只有大力菩萨达到成佛阶段才能完全断除，换而言之，只有佛的无上菩提智慧才能根除。"

【评析】

本段说明无明住地烦恼与意生身的关系。胜鬘采用类比方法，以三界众生分段生死的成因类比说明阿罗汉、辟支佛和大力菩萨变易生死的成因，并追溯变易生死的根本原因，矛头直指无明住地烦恼，指出无明住地与其他四种住地的不同。

就三界众生而言，烦恼深重，无明住地烦恼的作用几乎显现不出来，只能显现四种住地烦恼的作用。凡夫因烦恼造业，此业属于有漏业，有漏业又以四种住地烦恼为缘，感召三界的轮回果报。

阿罗汉、辟支佛和菩萨已修有所成，四种住地烦恼基本断尽，所以主要显现无明住地烦恼的作用。他们所造的业，一般来说，叫无漏业，因其无明住地烦恼还没有断尽，所以还未达到真正的"无漏"，故还有意生身的存在。由此对比可见，无明住地烦恼与四种知道烦恼的作用大有差别，四种住地烦恼断尽后，无明住地烦恼的作用才显现出来。这种差别从另一侧面说明了无明住地烦恼的力量之巨，只有佛陀才能断尽。这个道理同样可由上段评析中"树干"与"树根"的比喻来理解。

【经文】

"何以故？阿罗汉、辟支佛断四种住地，无漏不尽，不得自在力，亦不作证。无漏不尽者，即是无明住地。

世尊，阿罗汉、辟支佛、最后身菩萨①，为无明住地之所覆障故，于彼彼法不知不觉。以不知见故，所应断者不断不究竟。

以不断故，名有余过解脱，非离一切过解脱；名有余清净，非一切清净；名成就有余功德，非一切功德。

以成就有余解脱、有余清净、有余功德故，知有余苦②，断有余集③，证有余灭④，修有余道⑤。

是名得少分涅槃。得少分涅槃者，名向涅槃界。"

【注释】

① 最后身菩萨：指在生死中最后一次受生的菩萨。

② 苦：梵语为 duhkha，巴利语为 dukkha。泛指逼迫身心苦恼的

状态，或指身心的苦恼感受。在现实生活中，对苦的感受是释迦牟尼修行的原始动机。在早期佛教的根本教法中，苦谛是四圣谛之一，将"苦"灭除，趋向解脱，是佛法的基本目标。所以，"苦"的概念在佛法中具有重要地位。

对于凡夫而言，现实生活的一切现象都存在苦恼，这种道理谓之苦谛。生、老、病、死之四苦，加上怨憎会、爱别离、求不得、五取蕴苦之四苦，总共有八苦。其中，前七苦在日常生活中可以感受到，较易理解，至于五取蕴苦，又叫五阴炽盛苦，是总括前七苦的根源性价值判断，与"一切行苦"之意相通，意思是，凡夫对五蕴取执为自我所衍生的一切生命现象在本质上是苦的。佛教认为，一般人是误以"无常"的现象界为恒常，误以"无我"的五蕴为"我"，所以必然会产生"苦"的最终结果。

③ 集：梵语为 samudaya，巴利语为 samudaya-sacca，指众生沉沦生死、遭受苦果的原因。四圣谛之一。为原始佛教的重要教义。

④ 灭：梵语为 vyupasama，巴利语为 nirodha-sacca。寂灭之略称，即指永断无明、欲爱等一切烦恼，了脱生死，进入寂静无为的境地，即涅槃境界。

⑤ 道：梵语为 marga，巴利语为 magga。四圣谛之一，指到达目的地的通路。根据《俱舍论》卷二十五，道是通往涅槃（菩提）的道路，求涅槃果的所依。按照这个说法，道是指达成佛教终极目的的修行法则。本文此处"道"有真理的意思，也可理解为梵语所说的菩提或涅槃。

【白话】

"何以如此呢？因为阿罗汉、辟支佛虽然已断了有爱等四种住地的烦恼，但还没有完全证到佛的无漏智，因而没有得到自在力，当然也没有真正证得涅槃。说其还没有彻底摆脱烦恼污染，就是指无明住地的烦恼还未能断除啊！

世尊啊！阿罗汉和辟支佛断除分段生死，从一定意义上说，不失为一种涅槃；菩萨以成佛为最终目标，理想实现前还有一次生死受生，曰最后身菩萨。这三者都仍然被无明住地的根本烦恼所蒙蔽、障碍，因而不知亦未觉一切法相如幻如化，一切法性实质为空。因这种不能知见，导致所应该断除的烦恼不能断或不能断尽。这些都是没有完全摆脱无明住地的缘故。

由于不能彻底断除无明住地，所以阿罗汉、辟支佛和最后身菩萨的解脱仍不究竟，并非离一切过患；其清净带有烦恼，并非彻底的清净；所成就的功德也有限，并非成就一切功德。

由于他们证得的是不完全的解脱、有烦恼的清净、有限量的功德，所以他们尽管明白"苦"谛的深意，却又不完全，未能了知"苦"的究竟含义；虽说断了"苦"的起因，却有限度，不是断尽一切苦因；虽已证得寂灭，却仍不彻底，未达到究竟涅槃；修道虽已有所成，却未达至极，无明住地有待根除。

由于知、断、证、修四方面都有不足，只能说他们证得了"少分涅槃"。所谓"少分涅槃"就是部分的涅槃，还处在趋向真正涅槃的途中。

【评析】

这里为阿罗汉、辟支佛和最后身菩萨的修证果位重新定位。胜鬘从无明住地烦恼的角度，亦即变易生死的根本原因上再次说明阿罗汉、辟支佛、最后身菩萨的四智都不是佛教修证的终极目标，只有佛的修证最为圆满，能彻底断除无明住地烦恼，证得真正涅槃。

胜鬘在论述中一直以四圣谛作为衡量标准。四圣谛是小乘佛教的主要理论之一。其中，苦谛是说明人生多苦的真理，人生有三苦、八苦、无量诸苦，苦是现实宇宙人生的真相。集谛的"集"是集起的意思，集谛是说明人生的痛苦怎样来的真理。人由于自身的愚痴无明，任由贪欲、嗔恚等烦恼掀动，而造作种种不善业，结果招集种种痛苦。灭谛说明涅槃境界才是多苦人生最理想最究竟的归宿，因涅槃是常住、安乐、寂静的境界。道谛是说明人要修道才能证得涅槃的真理，道有多种，主要是指修习八正道。四圣谛包括世间出世间的两重因果，集是因，苦是果，是迷界的因果；道是因，灭是果，是悟界的因果。

阿罗汉、辟支佛、最后身菩萨对四圣谛都有不同程度的证悟，并得到四种智慧，即前面评析中提过的"我生已尽，梵行已立，所作已办，不受后有"。然而，从成佛的角度来看，只有到达佛的水平才能彻底觉悟并实践四圣谛，阿罗汉、辟支佛和最后身菩萨只做到了"知有余苦，断有余集，证有余灭，修有余道"。胜鬘作出如此分析，实际上正是以一乘的观点统领声闻、缘觉和菩萨三乘，开始进入本经的核心思想"会三归一"。

【经文】

"若知一切苦，断一切集，证一切灭，修一切道，于无常①坏世间，无常病世间，得常住涅槃，于无覆护世间，无依世间，为护为依。

何以故？法无优劣故得涅槃，智慧等故得涅槃，解脱等故得涅槃，清净等故得涅槃。是故，涅槃一味②等味，谓解脱味。"

【注释】

① 无常：梵语为 anitya，或 anityata，巴利语为 anicca。与"常住"对称。是佛教教义的三法印之一。指世界万有——一切事物和思维概念都是生灭变化无常的。佛教认为，宇宙间一切现象，都是此生彼生、此灭彼灭的相互依存关系，没有永恒的实体的存在，所以任何现象都是无常的，表现为刹那刹那间生灭。

佛典中常提到的有：一，刹那无常，指一切有为法，刹那之间有生、住、异、灭的变化；二，相续无常，指一切有为法在一期相续之上有生、住、异、灭四个阶段。佛教认为一切事物和现象的变化是普遍存在的，有着共同的发展过程，可分为四个连续相承的阶段或呈现为四种相状，所谓"四相迁流"，即生、住、异、灭。一种现象的生起称生，事物或现象形成后有其相对的稳定性称住，在相对稳定中又无时不在变异称异，现象的消灭称灭。任何事物和现象在一刹那中都具有生、住、异、灭四相。

有时又将无常分为：一、众生无常，是说人生都是无常的，终归要变化以至于消灭；二、世界无常，指世界上一切现象都是无常的，无时无刻不在流动变迁中，最后归于消灭；三、诸念无常，指人们的思维概念都是瞬息万变的，所谓"念念生灭"。

佛教的无常学说是针对婆罗门教的梵论而提出的。婆罗门教认为，宇宙存在最高主宰——梵，梵以永恒不变为特征。佛教以无常观论证了梵作为宇宙本体的命题不成立。

② 一味：梵语为 eka-rasa，或 vimukty-eka-rasata。指一切现象同本质都没有差别，通常指佛陀的教法而言，如《宝性论》卷三有："于如来法身无漏界中，一味一义，不相舍离。"

【白话】

"相反，如果能够了悟分段生死和变易生死的一切苦，断除一切苦的因——四种住地和无名住地的烦恼，证得究竟的寂灭，圆满修习一切三乘所共同的法门和大乘特有的圣道，则必然在生死无常的分段世间和有生灭交替如生病一样的无常变易世间之中得到常住涅槃，必然成为缺乏保护和依靠的世间众生的庇护和依止之处。

为何这么说呢？因为只要证得诸法平等，无优劣高下之分，就是证得涅槃；只要证得平等智慧，就是证得涅槃；只要证得平等解脱，就是得证涅槃；只要以清净智平等地对待一切，就是证得涅槃。所以，真正的涅槃只有一味，平等、解脱、智慧、清净、光明融为一体，没有差别。涅槃的平等一味也叫做'解脱味'。"

【评析】

在分析了阿罗汉、辟支佛、最后身菩萨修证境界还不圆满之后，胜鬘转换角度，从最高果位出发，在前述概念之内说明何为终极境界，说若证得究竟的四智，便得到常住涅槃，可以作为世间的依止之处。这种从两个相对立场论述同一问题的方法在佛经中十分常见，其目的是加深听法者的理解，起到一咏三叹的作用。

"无常坏世间"，是指分段生死所对应的分段世间；"无常病世间"，指变易生死对应的无常变易世间。

"一味等味"就是绝对、不变和常住。这里从诸法平等、大平等智、解脱平等、清净平等四个方面来说佛的涅槃是常住涅槃，涅槃与解脱同为一体。

【经文】

"世尊，若无明住地不断不究竟者，不得一味等味，谓明解脱味。何以故？无明住地不断不究竟者，过恒沙等所应断法，不断不究竟。过恒沙等所应断法不断故，过恒沙等法应得不得，应证不证。

是故，无明住地积聚，生一切修道断烦恼上烦恼①。彼生心上烦恼，止②上烦恼，观②上烦恼，禅上烦恼，正受③上烦恼，方便上烦恼，智上烦恼，果上烦恼，得上烦恼，力④上烦恼，无畏⑤上烦恼，如是过恒沙等上烦恼。如来菩提智所断，一切皆依无明住地之所建立。一切上烦恼起，皆因无明住地，缘无明住地。

世尊，于此起烦恼，刹那心刹那相应。世尊，心不相应，无始无明住地。"

【注释】

① 上烦恼：通常有两种意思，一是指现前生起之烦恼，二是指

由根本无明所生的小的烦恼惑。又指贪、嗔、痴、慢、疑、身见、边见、邪见、见取见、戒禁取见等十大烦恼中之力量强盛者。

②止、观：止，梵语为 samatha。就是止息一切想念和思虑，心归于专注一境的状态。观，梵语为 vipasyana，指以智慧思维观察某一特定的理趣或事物。通常将止、观二者并称为止观，把摄持心念，归止一处，以防止神识飞扬散动，并防止邪念妄想的生起，称为止；若能进一步开启正智以观照诸法，则称为观。

③正受：梵语为 samapatti，意译正定现前的意思。就是入定时，以定力使身、心领受平等安和的状态。又一种解释为，心定而离邪乱称为"正"，无念无想而领纳正法在心称为"受"。正受的状态就如同明镜的无心现物一般。

④力：指十力，梵语为 dasa balani。佛具足的十种智力，又称十神力，依次为：

（1）处非处智力：处，指道理，善因善果、恶因恶果的道理称为是处，反之称为非处。如来如实了知合理、不合理的一切道理，称为处非处智力。

（2）业异熟智力：指如来如实知悉众生过去、现在、未来三世业报的因果关系。

（3）静虑解脱等持等至智力：指如来如实知悉一切静虑、解脱、等持及等至等禅定的次第浅深。

（4）根上下智力：如来如实知悉众生根机的胜劣差别。

（5）种种胜解智力：如来如实知悉众生的乐欲胜解。

（6）种种界智力：如来如实知悉众生的种姓及其行为等。

（7）遍趣行智力：如来了知到达人天诸趣的道行因果。

（8）宿住随念智力：如来忆念知悉过去世种种事。

（9）死生智力：如来以天眼而知众生死生时日及未来生的善恶趣，乃至善恶业的成就等。

（10）漏尽智力：指如来知悉自己诸漏悉尽，不受后有，又如实了知他人断除烦恼与否。

还有菩萨十力的说法，即在十回向中，第九无缚无著解脱回向位之菩萨所具足的十种能力：深心力（直心力）、增上深心力（深心力）、方便力、智慧力、愿力、行力、乘力、神变力（游戏神通力）、菩提力、转法轮力。

⑤无畏：梵语为 vaisaradya，巴利语为 vesarajja。无所怖畏的意思。指佛、菩萨说法时具有无所怖畏的自信，而勇猛安稳。

佛、菩萨的无畏各有四种，称四无畏、四无所畏。佛的四无畏依次为：诸法现等觉无畏，即佛自信是一切智者；一切漏尽无畏，即自信一切烦恼障碍都断尽；障法不虚决定授记无畏，即佛说烦恼与业障碍诸法时都具足自信；为证一切具足出道如性无畏，即佛说这种消除烦恼与苦的戒定慧三学的修道时具足自信。菩萨之四无畏为能持无畏、知根无畏、决疑无畏、答报无畏。此处专指佛的四无畏，故对菩萨四无畏不作详解。

【白话】

"世尊，如果无明住地还没有断除，哪怕还有一丝痕迹，就不会尝到纯一平等的解脱之味。为什么呢？如果无明住地没有彻底断除，那么多于恒河沙数的应该断除的烦恼就不能彻底断掉。如果这些烦恼不能根除，那么比恒河沙数还要多的一切功德善法就无法证得。

所以说，无明住地烦恼是一切烦恼的源头，一切需要通过修道才可以断除的上烦恼都是由这里出生。上烦恼在修道时显现，障碍自性而使心不得清净，可分如下几类：心上烦恼，止上烦恼，观上烦恼，禅上烦恼，障碍修定的正受上烦恼，方便上烦恼，智慧上烦恼，求证三乘不同果位时的上烦恼，障碍获证涅槃的上烦恼，障碍十力的上烦恼，障碍四无畏的上烦恼等等。如此比恒河沙数还多的上烦恼都是以无明住地烦恼为根基而出现的，非阿罗汉、辟支佛和菩萨所能断尽，只有佛陀的无上菩提智慧才能根除。

一切上烦恼的生起都因为无明住地烦恼的存在,都根源于无明住地烦恼。

世尊啊!依于有爱等四种住地烦恼而生的起烦恼,心与它是刹那刹那相应的,而阿罗汉、辟支佛及菩萨所不能断的无明住地烦恼与心并不相应。"

【评析】

本段详细论述无明住地烦恼对修道的障碍,不能彻底断除会造成的结果。胜鬘先说不断除无明住地,就不能得解脱味,不能生起善法。然后细说无明住地能生起哪些烦恼。由其分类,可见这些烦恼涉及从低到高修道的各个阶段,只要还存在一种,就无法证得真正的涅槃。而要断除这些烦恼,必须要断其根本——无明住地烦恼。

【经文】

"世尊,若复过于恒沙如来菩提智所应断法,一切皆是无明住地所持所建立。譬如一切种子皆依地生、建立、增长。若地坏者,彼亦随坏。如是过恒沙等如来菩提智所应断法,一切皆依无明住地生、建立、增长。若无明住地断者,过恒沙等如来菩提智所应断法,皆亦随断。

如是,一切烦恼、上烦恼断,过恒沙等如来所得一切诸法,通达无碍,一切智见,离一切过恶,得一切功德,法王法主而得自在,登一切法自在之地。如来应等正觉[①],作师子吼[②]:我生已尽[③],梵行已立[④],所作已办[⑤],不受后有[⑥]。是故,世尊,以师子吼依于了义,一向记说。"

【注释】

① 等正觉:梵语音为三藐三菩提,三藐三佛陀,意思是"遍知

者"，为如来十号之第三。"觉"即知；"觉知"遍于一切，是"遍"；"觉知"与真理契合，是"正"；又三世诸佛的觉知平等，曰"等"。合而言之，等正觉就是一切诸佛觉知的一切真理。

② 师子吼：梵语为 simha-na^da，巴利语为 si^ha-na^da，狮子为百兽之王，佛亦为人中至尊，称为人中狮子，所以用"师子吼"来形容佛以无畏心演说宇宙人生的真理，声音如雄狮的咆哮。另有一层意思是，当佛说法时，菩萨生起追求菩提的勇猛心，从而使外道、恶魔怖畏不已，犹如狮子吼时，即便是小狮子，也会令百兽害怕而驯服。

③ 我生已尽：指断尽未来苦果，不再有生死轮回，是断集之智。

④ 梵行已立：指修道成就，圆满圣道，是修道之智。

⑤ 所作已办：指成功扫除修行障碍，是证灭之智。

⑥ 不受后有：指断尽烦恼与善恶业报，不受后世苦果，是断苦之智。

【白话】

"世尊，那些超过恒河沙数的、只有佛陀的圆满智慧能够彻底断除的一切烦恼，它们都由无明住地把持，依靠无明住地得以建立。可以用大地和种子说明无明住地和烦恼之间的关系。一切种子依靠土地才能生长成熟，一旦大地毁坏，种子也就随之毁坏。同样，超过恒河沙数的、只有佛陀的圆满智慧才能断尽的烦恼法都是依靠无明住地产生、建立而发展的，一旦断尽无明住地，这些无量的惟有佛陀的圆满智慧才能断尽的烦恼法也就自然消失不见。

一旦断尽无明住地烦恼，也就断除了有爱等四种住地烦恼及上烦恼，自然证得无量诸佛所证得的一切佛法，通达明了，无所障碍；一切智慧自然现前；自然远离一切过恶，解脱自在；自然圆满一切功德，成为诸法之王，诸法之主，于一切法任运自如。至此境地，如来与诸佛相应，了知诸佛觉知的一切真理，如雄狮咆哮般宣告十方世界：我已经证得圆满的四智——断尽未来苦果，成就无上佛道，断除一切烦恼，彻底了脱生死。所以，世尊啊！佛的无畏宣言是终极意义上的彻底言说，是最为肯定的记说。"

【评析】

本段与上段对应，站在成佛立场论述断除无明住地烦恼的功德。胜鬘先将无明住地烦恼在佛修证法门中定位，然后进行解释。无明住地烦恼一经断除，其他烦恼就失去了存在和产生的土壤，从而自然消失，好比水落石出，一切真理自然现前，一切智慧自然具备，解脱自在，功德圆满。此时，证悟四谛而得到的四智才算究竟，才能如狮子吼般宣讲真理。

【经文】

"世尊，不受后有智有二种：

谓如来以无上调御①，降伏四魔②，出一切世间，为一切众生之所瞻仰，得不思议法身，于一切尔焰③地，得无碍法自在。于上更无所作，无所得地。十力勇猛，升于第一无上无畏④之地，一切尔炎无碍智观，不由于他，不受后有智师子吼。

世尊，阿罗汉、辟支佛，度生死畏，次第得解脱乐。作是念：'我离生死恐怖，不受生死苦'。世尊，阿罗汉、辟支佛观察时，得不受后有，观第一苏息处⑤涅槃地。"

【注释】

① 调御：调伏约束的意思。指佛由于大慈悲心，用种种方法，引导众生走上解脱正道并不使偏离。所以佛的十大名号之一就是调御丈夫。

② 四魔：梵语 catvaro marah，巴利语为 cattaro mara，指恼害众生而夺其身命或慧命的四种魔，有烦恼魔、蕴魔、死魔、天子魔

四类。

（1）烦恼魔：指恼害众生身心的贪、嗔、痴等烦恼。

（2）蕴魔：又叫作阴魔、五蕴魔、阴界入魔等，指色、受、想、行、识等五蕴积聚而成众生生命和生死苦果，这一生死法能夺众生慧命。

（3）死魔：指能断众生命根的死。

（4）他化自在天子魔：又叫作天魔、天子魔。即欲界第六天的魔王及其眷属，能害人善事。因为憎恨妒嫉贤圣的无漏法而作出种种扰乱，妨害众生行善事，阻止众生成就出世间的善根。上述前三者为内魔，后者为外魔。

③尔焰：梵语 jn~eya 的音译。又作尔炎，意译为所知、境界、智母、智境，指心能觉了的境界。声明、工巧明、医方明、因明、内明等五明都是能够生起智慧的境界，均可称为尔焰。

④无畏：梵语为 vaisa^radya，巴利语为 vesa^rajja。又作无所畏，无所怖畏的意思。形容佛、菩萨说法时具有无所畏惧的自信，勇猛而安稳。经文此处即指佛的无畏。

佛、菩萨的无畏有四种，称四无畏、四无所畏。佛的四无畏为：诸法现等觉无畏、一切漏尽无畏、障法不虚决定授记无畏、为证一切具足出道如性无畏。佛具有之十八种功德法（十八不共法），即十力、四无畏、三念住、大悲。而四无畏与"十力"中的处非处智力、漏尽智力、业法集智力、遍趣行智力相配，十力又一一含摄四无畏，故总为四十无畏。菩萨的四无畏是：能持无畏、知根无畏、决疑无畏、答报无畏。而《华严经疏》卷五十二的记载又有不同，说菩萨有十种无畏：闻持无畏、辩才无畏、二空无畏、威仪无缺无畏、三业无过无畏、外护无畏、正念无畏、方便无畏、一切智心无畏、具行无畏。又密教行者发菩提心之时有六种功德，即善无畏、身无畏、无我无畏、法无畏、法无我无畏、一切法自性平等无畏六种，称为六无畏。

⑤苏息处：有两种意思。第一，巴利语为 assa^saniya^dhamma^。指安慰的方法，《杂阿含经》卷四十一有："仁者！汝当成就于佛不坏

净,于法、僧不坏净,以是三种苏息处而教授。"

第二,指小乘所说的灰身灭智的涅槃。身、心皆绝灭的境界,在小乘来看即为真涅槃,而在大乘来看,则是佛陀方便度化的一种方便说法,实际上还须再经多劫的修行才能证入佛道。

【白话】

"世尊,'不受后有'之智有两种:

一种是如来的'不受后有'之智。如来具备无可比拟的调伏驾御诸魔的能力,烦恼魔、五蕴魔、死魔、天魔等四大魔在如来面前皆俯首称臣,所以如来超出一切世间,为一切世间众生所尊崇景仰。如来证得不可思议的法身,对一切境界都明了无碍,于一切法任运自如。达到此种地步,如来已经再无所修,再没有需要努力需要追求的境地。如来圆满具备十种大力,坚固不动,勇猛无敌,圆满具备四种第一无上无畏,以通达无碍之智观察明了一切境界。不再依赖任何相待于自我的东西,已经断除无明住地烦恼,彻底了脱二种生死,具有绝对的'不受后有'之智,能如雄狮怒吼般演说真理。

另一种是阿罗汉和辟支佛的'不受后有'智。世尊,阿罗汉和辟支佛脱了分段生死的恐怖,依法次第修行,得享解脱之乐,心中会有这样的想法:'我已经远离生死怖畏,不再遭受生死轮回的痛苦了'。世尊!阿罗汉和辟支佛如此观察时,确实已经部分地得到'不受后有'智,并依此可以观察到真正的涅槃境地,为进一步修证开创新的道路。"

【评析】

前面胜鬘已经论述了从阿罗汉到辟支佛乃至最后身菩萨的修证成果,并一一与终极境界即佛的境界比较,分别言明不究竟之处,为"会三归一"做了充分铺垫。至此,胜鬘开始把声闻、缘觉二乘归入佛乘。

证悟四谛真理而得的四智——我生已尽，梵行已立，所作已办，不受后有，以证集之智——"不受后有"智为归宿。根据证果的究竟程度，胜鬘提出有两种不受后有智，一是如来的不受后有智，二是阿罗汉和辟支佛的不受后有智。佛的不受后有智断尽了分段生死和变易生死，是圆满而彻底的；二乘的不受后有智只是针对超越分段生死而言，排除变易生死在外，因而还不究竟。

"观第一苏息处涅槃地"一句有多种说法，似乎是翻译不够明确的原因。菩提流志在《胜鬘夫人会》把这一句译为"阿罗汉、辟支佛，如是观察谓不受后有。不证第一苏息涅槃"，表明阿罗汉、辟支佛的"不受后有"智有限，还没有证得究竟涅槃，较此处所译"阿罗汉、辟支佛观察时，得不受后有，观第一苏息处涅槃地"意思明确。所以笔者对这一句的理解也与前人有所不同，窃以为更接近原意，使上下文能更好地贯通。

【经文】

"世尊，彼先所得地，不愚于法，不由于他，亦自知得有余地，必当得阿耨多罗三藐三菩提。

何以故？声闻、缘觉乘皆入大乘。大乘者，即是佛乘，是故三乘即是一乘。得一乘者，得阿耨多罗三藐三菩提[①]；阿耨多罗三藐三菩提者，即是涅槃界；涅槃界者，即是如来法身。得究竟法身者，则究竟一乘，无异如来，无异法身，如来即法身。得究竟法身者，则究竟一乘，究竟者即是无边不断。"

【注释】

① 阿耨多罗三藐三菩提：为梵语 anuttara-samyak-sambodhi 的音译，意译无上正等正觉、无上正等觉、无上正遍知。"阿耨多罗"意译为"无上"，"三藐三菩提"意译为"正遍知"，是佛陀所觉悟的智

慧，含有平等、圆满的意思。以佛所觉悟的道理为至高无上，所以称为无上；又因为这些道理周遍而无所不包，所以称为正遍知。大乘佛教菩萨修行的最终目的，就是成就这种觉悟。

【白话】

"世尊，阿罗汉和辟支佛在此境地，如果不被眼前所得之法迷惑，无需仰赖他人就会知道自己证量不足，还有更高的成就需要去努力，这样就一定能证得与佛陀一模一样的圆满智慧。

为什么这么说呢？因为声闻乘、缘觉乘是大乘的初级阶段，其归宿都是大乘，而大乘就是佛乘，所以说，尽管有声闻、缘觉、菩萨三乘的说法，实则只有一乘。证得一乘，就是证得与佛陀一模一样的圆满智慧；与佛陀一模一样的圆满智慧，就是涅槃的境地；涅槃境地，又等同于佛陀的法身。而证得究竟法身者，必然究竟明了一乘，必然与佛陀无异，与法身无异，因为如来就是法身。所以说，证得究竟法身者，必然究竟证得一乘。这里说的'究竟'，是指遍于法界，无始无终，常住不灭的意思。"

【评析】

按照这里的说法，阿罗汉和辟支佛能够明白自己的证境不彻底，毫不迷惑，而且也必定能证得真正的智慧。这种观点与多数的说法不尽相同。原因何在？

我们不妨做一个有趣的推测：在释迦牟尼佛在世时，那些得了阿罗汉果位的弟子不会看不出来自己和佛有什么区别，他们肯定也会思考为什么在很多方面自己还是不如佛。所以，就有后来许多声闻弟子也听大乘经，也行菩萨道，估计是知道自己还不究竟。那么为什么还有听大乘经退席的呢？应该与接受能力有关，也就是根基问题，当然，也可能他们连真正的阿罗汉果位都还没证得。那为什么还有二乘人非要等佛把他们从寂灭定中唤醒，再去行菩萨道呢？这只能属于发心的问题了——尽管知道自己的境界不究竟，但毕竟证到一种不会退转的果位，相当于经过长途跋涉终于到达一个休息地，就不再想继续前进了。

这里将声闻、缘觉两乘纳入大乘，再将大乘等同于一乘，得出三乘归于一乘的结论。其理由在于，三乘对于成佛的目标而言，都属于因地的修行。从其所证的果位来说，大乘距离成佛最近，圆满证悟大乘就是成佛，所以可称大乘为佛乘。而所谓的"阿耨多罗三藐三菩提""涅槃""法身""如来"都是从不同角度对成佛的不同说法，在证悟一乘时同时证得。

【经文】

"世尊！如来无有限齐①时住，如来应等正觉后际等住。如来无限齐大悲，亦无限齐安慰世间。无限大悲、无限安慰世间，作是说者，是名善说如来。世尊，若复说言无尽法、常住②法，一切世间之所归依者，亦名善说如来。是故，于未度世间、无依世间，与后际等，作无尽归依、常住归依者，谓如来应等正觉也。"

【注释】

① 限齐：界限、限度的意思。

② 常住：通常有两种含义。

（一）梵语为 nitya-sthita，略称常，与"无常"对称。指绵亘过去、现在、未来三世，恒常存在，永不生灭变易。《胜鬘经》此处和北本《涅槃经》卷三十四相同，指如来法身常住不变。《大乘庄严经论·菩提品》则称，不只如来法身，连报、应二身也常住不变，而以法身为本性常，即本质上永远不变；报身为无间常，即受乐不绝；应身为相续常，即为教化众生而变现，生灭无限相续。

（二）指寺院。因寺院是僧人常住的道场。有时也将寺院的僧众称为常住，取其长期居住于一个寺院的意思。

【白话】

"世尊!所以才说如来住世没有时空的限制,如来从无始以来便住于世间,如来与三世诸佛相应了悟一切究竟真理,尽未来世也将常住世间。不仅如此,如来具有广大无边的大悲心,无限量地安慰世间一切众生。如果有人赞颂如来无量大悲无限度地安慰世间一切众生,就是善于解说如来的深意。世尊啊!不只大悲心可以这么认为,如果有谁说如来是无量法门和常住不灭法身赖以存在的基础,是一切世间众生的皈依之处,同样也属善于解说如来深意。所以,能在尚未得到度化的世间,在众生无依无靠的世间,在无尽的将来,能够作为无边世界的皈依处、作为常住不灭的皈依处的,只有与诸佛同体无二的如来。"

【评析】

本段讲述如来是世间众生唯一的依止庇护之处。众生由于有种种恐惧,没有究竟的安乐,所以才寻求皈依。皈依的本质是人类对终极关怀的寻求,所以,所皈依的对象就应当不为时空所限,没有能力的局限。声闻、缘觉二乘的最高果位——阿罗汉、辟支佛自己还存在恐惧心,都要皈依如来,所以不可能作为究竟的皈依处。

对于佛而言,证得涅槃则具备四种功德:常、乐、我、净。"常"就是恒常不变,没有生灭;"乐"就是永远寂灭、安闲、受用、无丝毫的烦恼;"我"就是完全自主自在,没有丝毫的束缚;"净"就是解脱一切的烦恼,非常清净。佛的大悲心其实就体现在常中,无穷无尽,永远存在。由此可知,佛具有终极性质,既是人类终极价值的体现者,又是终极境界的承担者,能够满足人类终极关怀的需要,所以,只有佛才可以做真正的皈依处。

【经文】

"法①者,即是说一乘道,僧②者,是三乘众。此二归依非究竟归依，名少分归依。何以故？说一乘道法，得究竟法身，于上更无说一乘法身。三乘众者有恐怖，归依如来，求出修学，向阿耨多罗三藐三菩提。是故，二依非究竟依，是有限依。

若有众生，如来调伏，归依如来，得法津泽，生信乐心，归依法僧，是二归依，非此二归依，是归依如来。

归依第一义②者，是归依如来。此二归依第一义，是究竟归依如来。何以故？无异如来，无异二归依，如来即三归依。"

【注释】

① 法、僧：佛、法、僧称为三宝。法，指修行依据的方法、道路。僧，即僧伽，梵语为 samgha，意译为和、众，是和合的意思。指听从佛陀教法，出家学道，具足戒、定、慧、解脱、解脱知见，住于四向四果的圣弟子，也指信受佛法，修行佛道的团体。

② 第一义：至高无上的真理。

【白话】

"所谓法，就是佛所说的一乘道，所谓僧，就是声闻、缘觉、菩萨三乘的修行大众，这两者都不是究竟的归依处，只能算是相对的归依处。为什么呢？因为佛所讲的一乘道只是引导众生证得究竟法身的一种手段，并非目的。一旦证得法身，再没有什么一乘的说法。而三乘的修行大众因为有恐怖心而归依如来，为了出离生死修学佛法，趋于追求与佛陀等同的圆满智慧。所以归依法和归依僧，都不是根本的归依处，只是有限的归依处。

如果有众生得到如来教化，身心清净，皈依如来，得到佛法的润泽，生起信仰爱乐之心，也皈依于法和僧。但要知道皈依法和僧并非是究竟皈依处，它们仍然是从皈依如来这一终极皈依处来的，所以，皈依法和皈依僧的目的最终是为了皈依如来。

因而我们说，皈依至高无上的真理就是皈依如来。皈依法和皈依僧终究都是皈依至高无上的真理，最终还都是皈依如来。为什么这么说呢？因为从至高无上的真理来看，皈依如来和皈依法、皈依僧的本质、目标完全相同，三种皈依会于一体，就是皈依如来。"

【评析】

佛教通常说皈依佛、法、僧三宝，既然佛是唯一究竟的皈依处，那法和僧又是什么？这一段回答这个问题。皈依法和皈依僧相当于皈依佛的中间途径，虽然也说成是皈依处，却是有限的皈依。皈依法和皈依僧如指月之指，手指起到指明月亮所在的作用，两者最终还是引导众生皈依于佛。所以三种皈依本质相同，都是以皈依佛为旨归。

【经文】

"何以故？说一乘道如来四无畏①成就师子吼说。若如来随彼所欲而方便说，即是大乘无有三乘。三乘者，入于一乘。一乘者，即第一义乘。"

【注释】

① 四无畏：指佛的四种无畏：诸法现等觉无畏、一切漏尽无畏、障法不虚决定授记无畏、为证一切具足出道如性无畏。具体见前"无畏"注释。

【白话】

"为什么这么说呢？一乘道，是如来以成就四种无畏，如雄狮咆哮般向十方世界宣讲的究竟透彻的真理。如果如来针对不同众生的根基来演说，佛法就分为三乘，而实际上只有一乘。声闻、缘觉、菩萨等三乘都融会于一乘之中，所谓一乘，就是至高无上的佛乘。"

【评析】

经过前面多方位的剖析，胜鬘终于在此明确指出三乘入于一乘。一乘由佛的四无畏成就，具有终极意义和决定意义，是了义的、究竟的说法，三乘是佛为引导众生而采取的方便讲法。

佛法教化要求契入法理，落脚点都在于贴近教化对象的具体领悟力，所以，佛陀都是随顺众生的根机灵活演说佛法。三乘之说就是一种方便，遇到可以会归的机缘，才说一乘。然而，若从佛教理论与实践的终极意义而言，连一乘也属方便说，般若类经典论述的主旨就在此。故若离开善巧法门，亦无一乘可言。本经所以称为"狮子吼一乘大方便"，就是强调它既契理又契机。

【经文】

"世尊，声闻①、缘觉②初观③圣谛④，以一智断诸住地，以一智四断知功德作证，亦善知此四法义。世尊，无有出世间上上智，四智渐至，及四缘渐至；无渐至法，是出世间上上智。

世尊，金刚喻⑤者是第一义智⑥。世尊，非声闻缘觉不断无明住地初圣谛智是第一义智。世尊，以无二圣谛智，断诸住地。世尊，如来应等正觉，非一切声闻缘觉境界，不思议空智，断一切烦恼藏⑦。世尊，若坏一切烦恼藏究竟智，是名第一义智。初圣谛智，非究竟智。向阿耨多罗三藐三菩提智。"

【注释】

① 声闻：此处及下文都是指声闻乘的最高证果阿罗汉。
② 缘觉：此处及下文都是指缘觉乘的最高证果辟支佛。
③ 观：以正慧观察事理的意思。
④ 圣谛：谛，指真实不虚的道理，是法性、诸法实相的异名。圣谛即指圣人所了知的一切寂静的境界，为佛教的根本大义，所以又称

第一义、真谛，属于出离世间法中的究竟深义。

⑤金刚喻：指金刚喻智。金刚极其坚固锐利，能坏一切，以此比喻佛的智慧能破除一切烦恼。

⑥第一义智：指究极绝对的智慧，"金刚喻定"断尽一切烦恼的究竟佛智。金刚喻定，指犹如金刚一般坚固不动，而能断破一切烦恼的禅定，是等觉菩萨所证的禅定。

⑦烦恼藏：指五种住地烦恼。称为"藏"，一是因为能含摄一切烦恼，二是因为能藏如来法身。

【白话】

"世尊，阿罗汉和辟支佛只是初步观到究竟真理的深义，他们以这种智慧断除四种烦恼住地，成就知苦、断集、修道、证灭四事，明了苦、集、灭、道四圣谛的法义。世尊！二乘所证只是属于出世间智慧而已，并没有达到出世间的无上智慧，这种无上智慧只有如来才具备。此外，阿罗汉和辟支佛对四谛的证悟是次第获得的，先由苦的感受和现象来知苦悟苦，再逐步缘及集、灭、道谛，是'四智渐得''四缘渐至'。与此相反，如来的出世间无上智慧非逐一渐至，而是同时并起的。

世尊！如来像金刚一样坚固锐利能破除一切烦恼的智慧叫第一义智。世尊！阿罗汉和辟支佛初步的观圣谛智只能了断有爱等四种住地烦恼，不能断除无明住地烦恼，所以不是第一义智。第一义智只有一个，不存在第二个能断除各种住地烦恼的第一义智。世尊，如来与三世诸佛相应了悟一切究竟真理，圆满成就的，不是一切声闻、缘觉所达到的境界，而是凡夫、阿罗汉、辟支佛、十地乃至最后身菩萨都无法思议的空智，是究竟通达一切法性皆空的般若智。唯此空智，才能真正断尽一切烦恼及其根源。世尊！只有这能根除一切烦恼的智慧才是第一义智。阿罗汉和辟支佛所具备的观察究竟真理的智慧能断除一切烦恼的第一义智，仅仅是在追求佛陀般圆满智慧的半途而已。"

【评析】

本段开始阐述如来智，为如来藏概念的提出做准备。

首先，如来的智慧是超出世间的无上智慧，为阿罗汉和辟支佛所不具备。这是因为二乘在断烦恼、生智慧、证谛理等方面都是循序渐进的。他们先从观察生活中的苦的现象和感受入手，明白人生无常有漏皆苦。以此为基点，探求苦的原因并断尽其根源，达到断"集"之智——"我生已尽"。为跳出三界脱离苦海，一心修行八正道等法门而成就圣道，则成就修道之智——"梵行已立"。坚持不懈地如法修行，最终实现灭除痛苦、证得涅槃的目标，就是"证灭"之智——"所作已办"。最后，才具备断苦之智——"不受后有"，彻底了脱生死轮回。与此相反，佛的智慧直指清净自性，各种智慧并举顿生，只要生起，即具备一切智慧。

其次，如来的智慧是绝对终极之智。佛智高于二乘之智的地方在于，佛智能断无明住地烦恼，而阿罗汉和辟支佛则不能，所以二者的智慧只是通向究竟智慧路上的因智，不能称作"上上智"。

如来智和二乘智生起过程的不同，容易使人想起亚里士多德眼中人与上帝智慧的区别。亚里士多德认为，人类的知识是零散的，智慧是推理式一步一步前进的，上帝的思维则是直觉式的，于瞬息间明察一切，明察事物的整体。表面上看，两种理论中，二乘行人与亚里士多德所说的人类相似，上帝获得知识的结果而非过程与佛智的获得相似，实质上，二者有着天壤之别。最根本的区别有两点：一、佛是包含人类在内的众生能够到达的一种境界，而亚里士多德的上帝只是哲学家所追求的一种理想的目标，仅在理论上存在；二、佛教的智慧概念和西方的知识概念迥然不同，前者认知外界是为了内求，提升思想境界，达到转识成智的目的实现对人生的超越，后者则是以准确认识外界为目标，而后才考虑人为何活着，应该怎样来活的问题。显然，"智慧"与"知识"在一定范围内互有包含，但"知识"无法超越现实人生的局限。

二种智慧生起相异也可由时空观不同来理解。阿罗汉、辟支佛的时空观仍是一种被限制或制约化的概念，时间先后有序，空间大小有分，因而智慧生起是"渐得""渐至"。佛的智慧突破所有主客观界定，代表一种全息的时空观，宇宙在佛眼中是一个动态的全体相，包含着时空的所有组合，过去或未来一切尽见之于当下，所以智慧的生起是同时并起，"无渐至法"二者差别亦由此可见一斑。

【经文】

"世尊，圣义者，非得一切声闻、缘觉，声闻、缘觉成就有量功德。声闻、缘觉成就少分功德，故名之为圣。圣谛者，非声闻、缘觉谛，亦非声闻、缘觉功德。世尊，此谛如来应等正觉，初始觉知，然后为无明①卵藏②世间开现演说，是故，名圣谛。"

【注释】

① 无明：梵语 avidyā，巴利语 avijjā。为烦恼的别名，指对于法无所明了。"明"是智慧、学识。因此，"无明"的语意就是无智，为暗昧事物，不通达真理与不能明白理解事相或道理之精神状态，特指不解宇宙人生真理的世俗认识。

无明也是十二因缘之一。就十二缘起中无明支来讲，无明为一切烦恼的根本。

② 卵藏：是一个比喻的说法。众生被无明所包裹覆盖，缺乏智慧，不能出离烦恼，象卵中的生灵，不能破壳而出。

【白话】

"世尊，怎样才能成为圣呢？阿罗汉、辟支佛还不能称为圣，他们只是成就了有限的功德，正是因为他们已经成就部分功德，从方便说法的角度暂且称他们为圣。因此，说到圣谛，阿罗汉和辟支佛所证知的相对真理当然不是圣谛，二者的功德也非圣谛。世尊，真正的圣谛只有如来与三世诸佛相应了悟所有世间、出世间的真理而最早圆满证得，然后再给那些被重重烦恼所包裹覆盖的世间众生开示演说，因而，所谓圣谛，就是佛所证得的究竟真理。"

【评析】

本段由何为"圣"而延及何为"圣谛"。阿罗汉和辟支佛功德不圆满，烦恼未断尽，只证得有余涅槃，他们觉悟的真理无法同圣谛相提并论，故不能算作真正的圣者。称得上这种如实究竟的圣谛的，唯有"如来应等正觉，初始觉知。"为什么是"初始觉知"？《涅槃经》说："世间皆处无明卵，无有智慧能得破，如来为乃能初破，是故名为最大觉。"众生处于无明之中，好比为卵壳所包裹，而佛圆满无量功德，成就无上菩提，能够度化众生，助其冲破无明卵壳，所以佛证得的真理具有终极意义，才能称为圣谛。

至此，如来藏思想的提出已是水到渠成。

【经文】

"圣谛者，说甚深义，微细难知，非思量境界，是智者所知，一切世间所不能信。何以故？此说甚深如来之藏，如来藏者，是如来境界，非一切声闻、缘觉所知。如来藏处说圣谛义，如来藏处甚深故，说圣谛亦甚深，微细难知，非思量境界，是智者所知，一切世间所不能信。"

【白话】

"所谓圣谛，其内涵极为深邃，极为微细，非思量所能明了，非如来难以知晓，一切世间众生都难以生起真实信心。为什么呢？因为圣谛说的是深奥难解的如来藏。如来藏是佛的境界，当然不是一切声闻、缘觉乘的修行人所能知道的。解说圣谛的深意当以如来藏为依据，而如来藏含意极深，所以以其解说圣谛，同样极为深邃微细，难知难晓，非一切凡夫、阿罗汉、辟支佛乃至菩萨所能思量测度，一切世间众生难以生信，只有佛的智慧才能明了。"

【评析】

经层层剥离，胜鬘终于论及本经的中心思想——如来藏。胜鬘将圣谛与如来藏等同。圣谛是如来了观如来藏而宣说的，为如来的亲证境界，非一般的声闻、缘觉所能知道，故经中一再说如来藏是无法思量的境界，难以让人相信。

那么，什么是如来藏呢？说法甚多。因为有一个"藏"字，很多人把它当作本体，笔者以为不妥。"藏"只不过是就功能方面而说，这一点与"藏识"中的"藏"类似，是"含藏"的意思。如《佛性论》卷二"如来藏品"认为"藏"有三义：（一）所摄藏。如来的平等法性遍一切处，一切众生都在如来之智内。（二）隐覆藏。如来法身无论在因位还是果位都恒常不变；但众生为烦恼所覆，因而不能显现。（三）能摄藏。如来具有十力、四无畏、三不护、十八不共法等无量功德。这些功德并非成佛时才有，众生无始以来就先天悉备于心中。否则，佛性断非恒常。以上三种意义都可理解为从功能作用出发，并没有把如来藏定义为本体。所以把如来藏理解为心的一种状态似乎更确切。下文从各个角度讲如来藏，如果从状态和功能的角度去认识，读者可能会更清晰一些。

通常谈如来藏的含义都是针对众生而言，以显示其本具成佛的种子，正如《华严经》所说："一切众生皆有如来智慧德相，便以妄念执著而不证得。"待到成佛之日，众生本具的无边功德和智慧必尽然显发。

【经文】

"若于无量烦恼藏所缠如来藏不疑惑者,于出无量烦恼藏法身亦无疑惑。于说如来藏如来法身不思议佛境界,及方便说,心得决定者,此则信解说二圣谛。如是难知难解者,谓说二圣谛义。"

【白话】

"如果对于这被无量烦恼所缠缚的如来藏不产生疑惑,那么对于出离无量烦恼的如来法身也就不会产生疑惑。所有对于如来藏、如来法身、不可思议佛的境界以及如来对此境界的种种方便解说,心中能生起决定信心者,则必定相信理解佛所宣讲的二种圣谛的深意。前面所说的难知难解者,就是这里将要说的两种圣谛义。"

【评析】

众生与佛的差别,就表现在有没有烦恼。由于人不可能在人的领域得出终极意义的根据的,所以为无量烦恼所缠缚的如来藏是人之分别心所无从了解的,而如来清净本心又是本来具有的,因而在此胜鬘要求先以信仰的态度来理解如来藏。

如来藏具备佛的一切功德智慧,在这一层面与法身相同,亦即,没有烦恼显现时,如来藏就是法身。不同的是,如来藏有被烦恼缠缚的状态,这时又表现为众生的心识。如此一来,如来藏就充当了从众生到佛的桥梁,众生的心在去除烦恼之后就达到法身境地,换而言之,众生具备着成佛的基质。这一点后文还将深入论述。

如果能够坚定不移地信仰如来藏具备法身本性,同时又坚信佛为显示清净如来藏有种种方便说法,就能信解下面将要说的两种圣谛。

前文经比较佛和阿罗汉、辟支佛的智慧和功德,在引出如来藏的同时，也提及二者证悟四谛程度的不同，以下胜鬘将按照圣谛的划分，依次详述二乘与佛在证悟四谛的方面有何具体区别。

【经文】

"何等为说二圣谛义？谓说作圣谛义，说无作圣谛义。

说作圣谛义者，是说有量四圣谛。何以故？非因他能知一切苦，断一切集，证一切灭，修一切道。是故，世尊，有为生死①，无为生死②。涅槃亦如是，有余及无余③。

说无作圣谛义者，说无量四圣谛义。何以故？能以自力知一切受苦，断一切受集，证一切受灭，修一切受灭道。

如是八圣谛，如来说四圣谛。"

【注释】

① 有为生死：即前文所说的分段生死。
② 无为生死：即前文所说的变易生死。
③ 有余、无余：参见前注"涅槃"条。

【白话】

"那么，这两种圣谛义是什么呢？一是作圣谛义，一是无作圣谛义。

所说的'作圣谛义'，是有限量的不圆满的四圣谛。为什么如此说呢？因为声闻、缘觉乘修行人是从佛处闻四谛、十二因缘而修行，他们靠自力并不能了知一切苦；断除一切苦因之集；证悟一切苦灭之果；修行一切灭苦之道。所以，世尊，从方便说法和终极真理两层次而言，将生死分为两种，一是有为生死，一是无为生死。同样，涅槃也分为有余和无余两种层次。

所说的'无作圣谛义'，是圆满而无量的四圣谛。为什么这么认为呢？因为如来以自力能了知一切苦；断除一切苦因之集；证悟一切苦灭之果；修行一切灭苦之道。

这样算起来就有八圣谛，但实质上如来宣说的只有一个四圣谛。"

【评析】

本段解释两种圣谛。此处的"有量"与"无量"不是正相反对的关系，而是无量之中包含了有量。详细来说，有量的苦谛是分段生死苦，无量的苦谛含分段生死苦和变易生死苦二者；同理，有量的集谛指四种住地烦恼，无量的集谛含四种住地与无明烦恼住地两者；无量的灭谛就包含有余和无余两种涅槃；有量的道谛是少分的清净道，无量的道谛则是一切无漏道。所以，"作圣谛"与"无作圣谛"的关系就像三乘入于一乘一般，前者必入于后者。

二乘人对四圣谛证悟未达究竟，对他们而言，生死与涅槃都有两种，需逐一去断、去证，这也是前面所说的"渐至"。其实二乘不但不知变易生死苦，连分段生死苦也无法尽知。《涅槃经》就有："分别苦等有无量种，非声闻、缘觉所知。我于彼经不说之。"而佛所证圣谛究竟圆满，没有有为与无为之分，涅槃既非有余，也非无余，这是前面所说的"无渐至法"所证得的。

这里厘清了方便法门和究竟法门，下文就着眼于阐述究竟法门的四圣谛。

【经文】

"如是四无作圣谛义，唯如来应等正觉事究竟，非阿罗汉、辟支佛事究竟。何以故？非下中上法得涅槃。

何以故？如来应等正觉于无作四圣谛义事究竟，以一切如来应等正觉，知一切未来苦，断一切烦恼、上烦恼所摄受一切集，灭一切意生身，除一切苦灭作证。"

【白话】

"这圆满无量的四无作圣谛义,只有如来与三世诸佛相应,了悟宇宙人生的一切真理,才彻底做到知苦、断集、证灭、修道,而阿罗汉和辟支佛在这四事上都没有究竟证得。为什么呢?因为二乘修证遵循由下而中、由中而上的渐修路线,不能得到究竟圆满、顿证顿得的涅槃啊!

为什么说如来对于知苦、断集、证灭、修道这四事已经得其究竟了呢?这是因为,一切如来与三世诸佛相应,了悟宇宙人生的一切真理,能知道未来及现在、过去的一切诸苦本来不生,由此断除了一切根本烦恼、上烦恼所带来的苦因,从而不但分段生死之身,连意生身所蕴含的苦也已彻底灭除,故不再产生意生身,圆满成就一切苦灭之道。"

【评析】

本段说明佛所证悟到的四圣谛以及声闻、缘觉二乘无法彻悟的原因。

圣谛是唯一的,圆满而究竟,不能分别获得。声闻、缘觉二乘以渐修的方法追求绝对真理,在认识上位于真理的下方,所以不能把握高高在上的究竟真理。而大乘菩萨在证得佛位时,顿悟顿得一切智慧,与真理完全相契,佛的法身就是遍满宇宙的真理的人格化,是真理的体现者。所以佛智已然超越了阿罗汉和辟支佛的认识范围,不仅遍知一切苦,而且思维彻底转换,超越了内与外、修行人与修行内容上的对立,得出一切苦本来不生的结论。苦作为四谛的基石既然被抽空,那么其余三谛又何以存在?故一切苦因自然断尽,一切身自然寂灭,一切灭苦之道不修而自成。所以,只有佛能究竟成就四圣谛。

【经文】

"世尊,非坏法故,名为苦灭。所言苦灭者,名无始无作,无起无尽，离尽常住，自性清净，离一切烦恼藏。世尊，过于恒沙不离、不脱、不异、不思议佛法成就，说如来法身。世尊，如是如来法身不离烦恼藏，名如来藏。"

【白话】

"世尊，所谓的灭谛，并不是指消灭引起一切烦恼的诸苦。佛所说的灭谛，是无始而无为的，从未生起，亦永无穷尽，常住不动且本性清净，远离一切烦恼。世尊，只有成就了超过恒河沙数的互不脱离、本质相同、不可思议的佛法才称得上如来法身呢！世尊，如来法身就其本性而言，无所谓与烦恼藏相离与否，这种境界就是如来藏。"

【评析】

胜鬘先将圣谛分为"非无作圣谛"和"无作圣谛"，再重点论述"无作圣谛"，而后在四谛之中又突出灭谛，层层第进，然后在此由灭谛开始深入探讨如来藏。

四谛之中，苦与集是有漏法，道谛也是有目的的有为法，三者都非恒常之法，只有灭谛是修道终点，属于无为清净法，所以，四圣谛以灭谛为归宿。根据胜鬘所言，既然灭谛是圆满修行的结果，那么就意味着成就一切功德；既然它本来就寂灭常住，那么众生本来也自具足；既然它自性清净，那么就具备与如来法身相同的性质。然而胜鬘又说，如来法身需要成就无量"不离、不脱、不异、不思议"的佛法，这样就有矛盾产生：既然法身本具，为何佛与众生存在根本的不同？这正是如来藏所要解决的问题。如来藏学说将佛的法身和众生自性本净统一起来：法身常在，众生本具，显现与否取决于有无烦恼的束缚；众生有待于成就无量"不离、不脱、不异、不思议"的佛法，从烦恼中解脱而见本有的清净自性。这也再次表明如来藏是沟通佛与众生的桥梁，是众生成佛的依据。

那么，烦恼怎么发挥其作用而束缚如来藏呢？下文就将从如来藏空性智慧作用的不同方面来阐发。

【经文】

"世尊！如来藏智，是如来空智。世尊，如来藏者，一切阿罗汉、辟支佛、大力菩萨，本所不见，本所不得。

世尊！有二种如来藏空智。世尊，空如来藏，若离、若脱、若异一切烦恼藏。世尊，不空如来藏，过于恒沙不离、不脱、不异、不思议佛法。"

【白话】

"世尊啊！如来藏智，就是如来空性之智。世尊，如来藏的境界，只有佛能明了，一切阿罗汉、辟支佛和大力菩萨本来就见不到，更何况得到呢！

世尊！有两种如来藏空智。世尊，一是空如来藏空智，它与一切烦恼相脱离，与一切烦恼相异。世尊，二是不空如来藏空智，它不刻意脱离一切烦恼，也不作意与一切烦恼相异，与本具的超过恒河沙数的不可思议佛法不相脱离、本质相同。"

【评析】

本段细分如来藏所具有的智慧。

首先有必要指出，"如来藏"是指谛理，"如来藏空智"是指证理之智。从究竟意义而言，若真如之理与悟得此理之智慧相应，则理与智毫无区别。理智圆融的如来藏是佛之无碍境界，阿罗汉、辟支佛和大力菩萨自然是"本所不见，本所不得"。这一现象与《易经》中论"道"相似，对于"道"，百姓是"日用而不知"（《系传》上）。

胜鬘立足于法身本具和众生有待成就的思路，提出如来藏空智有两种：空如来藏空智和不空如来藏空智。不空如来藏空智是心的本来状态，法尔离垢，本来清净，故不需要"离""脱""异"于"一切烦恼藏"，所以曰"空"，这也是佛的状态。空如来藏空智是指由止观的力量达到心清净时的状态，即"离""脱""异"于"一切烦恼藏"后的心的状态，称其为"空"是强调由止观而证烦恼之自性空，从而与本觉空性融合一味，这是众生趋向佛位的根本法门。

不空如来藏空智意味着"法尔如是"，是对最高的果位——佛而言的，角度是从上往下看；空如来藏空智则相反，是从众生位往上看——众生有成佛的可能。

【经文】

"世尊！此二空智，诸大声闻能信如来。一切阿罗汉、辟支佛空智，于四不颠倒境①界转，是故，一切阿罗汉、辟支佛本所不见，本所不得。一切苦灭，唯佛得证，坏一切烦恼藏，修一切灭苦道。"

【注释】

① 颠倒：梵语为 vipari^ta，或 viparya^sa。指违背常道、正理的认识，如视无常为常，以苦为乐等。佛教诸经论对于"颠倒"的分类颇多，有二颠倒、三颠倒、四颠倒、七颠倒、八颠倒、十颠倒、十二颠倒等。此处专指四颠倒。

四颠倒又分两类。一是指凡夫的四颠倒。凡夫不知人生和世界的真实相而执有：（一）常颠倒，无常认为有常；（二）乐颠倒，以苦当作乐；（三）净颠倒，以不净为净；（四）我颠倒，无我认为有我。

二是指二乘的四颠倒。二乘对凡夫的四颠倒已有正确认识，但不能正确认识涅槃，误以为涅槃是灭尽的世界，不知还有常、乐、我、净的特质，所以产生：（一）无常颠倒，于涅槃之常而视为无常；（二）无乐颠倒，于涅槃之乐而视为无乐；（三）无我颠倒，于涅槃之我而视为无我；（四）无净颠倒，于涅槃之净而视为无净。

【白话】

"世尊啊！对于这两种如来藏空智，声闻乘中只有修到相当深度的弟子才相信如来所说。一切阿罗汉、辟支佛所证得的空智只能断尽部分烦恼，无法理解涅槃境界的常、乐、我、净，所以，对于认识有限两种如来藏空智，他们根本就无从见到，更无法得到。彻底地灭除一切苦，只有佛证到，唯有佛真正摧毁了一切住地烦恼，成就一切灭苦之道。"

【评析】

这里解释了二乘"本所不见，本所不得"如来藏智的原因，即"于四不颠倒境界转"。

如来藏空智对于声闻乘而言，只有象舍利弗或须菩提等佛的大弟子能够信奉佛所说。如果谈到证悟，一切阿罗汉、辟支佛的智慧则无法觉了。他们的空智虽也称作"净智"，其功用在于净除部分烦恼障，能消除凡夫的四种颠倒见解，却无法正确领悟佛的境界，对涅槃四德——常、乐、我、净尚持相反观点，所以与如来藏空智无法并论。

胜鬘此处还另有含义。如来藏空智玄妙高深，连阿罗汉、辟支佛的智慧都无法明白，何况一般人？所以，凡夫俗子的最佳选择就是仿效"大声闻"，先接受和相信，留待未来智慧增长再行思虑。当然，这并不表示盲信，如来藏空智建立在阿罗汉和辟支佛与佛不同的基础上，前述胜鬘众多角度的阐发都是理论支持，由如是理必然能推得如是结论。爱因斯坦相对论面临的也是同样情况，世上几人能懂该理论，却因其建立在公认的物理学定律上，所以世人普遍采取的是接受和认可的态度，唯有待自身位于科学前沿时，才有可能去论证和应用它。

【经文】

"世尊！此四圣谛，三是无常，一是常。何以故？三谛入有为相①，入有为相者，是无常。无常者，是虚妄法。虚妄法者，非谛、非常、非依。是故，苦谛、集谛、道谛，非第一义谛，非常、非依。

一苦灭谛，离有为相。离有为相者，是常；常者，非虚妄法；非虚妄法者，是谛、是常、是依。是故，灭谛是第一义。"

【注释】

① 有为相：有为，梵语为 samskrta，巴利语为 sankhata，有所作为、造作的意思。有为相泛指一切处于相互联系、生灭变化中之现象，通常专指生、住、异、灭这四种特征。

【白话】

"世尊，这四圣谛当中，有三种是无常的，有一种是恒常的。为什么呢？因为其中三谛都有其产生和存在的一定条件，属于有为相的范围，当然是无常的。一切无常之法都虚假不真，而一切虚妄法都不是终极真理，处于不断变化中，不可依赖。所以说，苦谛、集谛和道谛都非究竟真理，都非恒常不变，也都不能作为皈依之处。

作为四圣谛之一的灭谛不在有为相范围内。既没有相互联系也没有发展变化的法，必然恒常不变；既然恒常不变，则绝非虚假不真。既然非虚假不真，则必自然是终极真理，自然是恒常不变的，是真实的皈依处。所以说，灭谛是圆满无上的真理。"

【评析】

如来藏本身难知难晓，从它再讨论四谛，当然更加深奥更难理解。为了说明如来藏与四谛之间有何联系，胜鬘未直接说明，而是再次评析四谛,将灭谛与余三谛相对比,说明灭谛是最高真理。

胜鬘提出,苦集灭道四者并非并列,从而四谛可分为两个层次。苦谛、集谛和道谛是一个层次,灭谛单独为另一层次。前三谛是实现灭谛的基础,属于有为法,有产生和存在的条件,随条件而变化,具有相对性。相反,灭谛是三谛的目的,四圣谛的归宿,具有永恒不变的特性,是一种绝对存在,所以真实不虚,为真实的皈依处。

既是最高真理,凡夫、阿罗汉以及辟支佛如何看待?以下就讲述对灭谛的理解中所存在的问题。

【经文】

"不思议是灭谛,过一切众生心识所缘①,亦非一切阿罗汉、辟支佛智慧境界。譬如生盲不见众色,七日婴儿不见日轮。苦灭谛者,亦复如是,非一切凡夫心识所缘,亦非二乘智慧境界。凡夫识者,二见②颠倒。一切阿罗汉、辟支佛智者,则是清净。"

【注释】

① 所缘:梵语为 a^lambana,巴利语同。缘是攀缘的意思,心识所攀缘的境界,叫做所缘。就是指认识的对象,为心、心所法生起之因,且被其所执取者。

通常所缘之境指色、声、香、味、触、法等六境,即眼识缘色境,耳识以声境,鼻识以香境,舌识以味境,身识以触境,意识明确六境的诸法分别为各识所缘。此外,法相宗建立"八识"学说,故除上述六境,还有七、八二识所缘之境,即第七识以第八识之见分,第八识以种子、有根身、器界等三境,各为其所缘。

② 二见:分为两类。一是有见和无见。有见是偏于有的邪见;无见是偏于无的邪见。二是断见和常见。断见坚持人死之后身心断灭不复再生,属于无见;常见坚持世间万物皆具有恒常不变的实体,属于有见。

佛教主张既不偏于常（有）见，亦不偏于断（无）见。至于灵魂不灭说，即属常见的一例，虚无主义则为断见的一例，佛教主张远离有、无两边，而取中道。

【白话】

"灭谛的境界不可思议，超出一切众生心识所能认知的范围之外，就好像天生的盲人不能见到各种颜色；也非一切阿罗汉、辟支佛所证智慧能明白的境界，就好比刚出生的婴儿不能直视太阳。苦灭谛的道理也同样，非一切凡夫的心识所能认知，非二乘修行人的智慧所能明了。凡夫的心识因分别重重而违背真理，产生两种极端看法——常见和断见。一切阿罗汉、辟支佛的智慧则属于清净的智慧，不会产生类似邪见。"

【评析】

胜鬘进一步解释灭谛义理和境界的高深，并举出两例形象说明灭谛不是众生乃至阿罗汉和辟支佛的智力所能企及。

我们也可以从此处得出，相应的修行程度对应相应的见解和智慧，身处一定修行阶次，就局限于一定的认知范围之内。因此，对于超出自己理解能力的道理，即不能偏执于一己之见，也不能盲听盲从，这就需要有正直而有德行之人的引导，佛教称其为"善知识"。借助于善知识的帮助，行道之人在修证过程中可同时凭借间接经验和直接经验不断修正认识，并检验佛所说道理的正确性。佛教修行如此，世间学习又何尝不是这样？

下文将依次分析凡夫、阿罗汉和辟支佛不能认知灭谛境界的原因。

【经文】

"边见者，凡夫于五受阴①，我见②妄想计着生二见，是名边见③，所谓常见、断见。见诸行无常，是断见，非正见。见涅槃常，是常见，非正见。妄想④见故，作如是见。于身诸根⑤，分别思惟，现法见坏，于有相续⑥不见，起于断见，妄想见故。于心相续愚暗不解，不知刹那间意识境界，起于常见，妄想见故。此妄想见，于彼义若过若不及，作异想分别若断若常。

颠倒众生，于五受阴，无常常想，苦有乐想，无我我想，不净净想。

一切阿罗汉、辟支佛净智者，于一切智境界，及如来法身，本所不见。"

【注释】

① 五受阴：梵语为 panca skandhah，指构成一切有为法的五种要素，有色蕴、受蕴、想蕴、行蕴、识蕴。"阴"来自梵语塞犍陀（skandha），意思为积集，译为蕴。故五受阴又称五蕴。

② 我见：梵语为 atma-drsti，又名身见。佛教理论认为，一切生命的肉体和精神都由因缘所生，"我"作为实体并不存在，但常人都妄执为"我"为实存，佛教称之为我见。我见又分人、法二种：

（一）人我见：即我执。指一切凡夫不悟人身乃由色、受、想、行、识五蕴假合生成，而错误认为存在一个永久的主宰的实我。

（二）法我见：即法执。指不悟诸法的空性，执着一切法各有其实在体性的错误看法。

③ 边见：凡夫之五种典型错误见解之一，指过于极端的见解。如有人固执认为人死如灯灭，没有后世，叫做断见或无见；又有人固执认为人死之后仍是为人，猪、马、牛、羊死后亦仍是为猪马牛羊，这叫做常见或有见。这些执断执常的见解都很片面，不合中道，故名边见。

④ 妄想：梵语为 vikalpa。与"妄念""妄执"等同义。以虚妄颠倒的心分别事物现象；也指由于心的执着而无法如实认知事物，从而产

生谬误分别。

⑤根：梵语为 indriya。通常指器官、机能、能力等。佛教用语中，"根"一词亦含有器官所具能力的意思。如草木之根不仅自身成长，还吸收营养长出枝干、花叶果实等，以此来看人类的眼、耳、鼻、舌、身等器官，不仅有助于人类觉悟，而且可促进信、精进、念、定、慧等，故以五根形象称之。佛教经义有关根之用法甚多，简单划分，可有如下两大类：

（一）指强而有力的作用。共有眼根、耳根、鼻根、舌根、身根、意根、女根、男根、命根、乐根、苦根、喜根、忧根、舍根、信根、勤根、念根、定根、慧根、未知当知根、已知根、具知根等二十二根。最初的眼、耳、鼻、舌、身、意等，称为六根，其中除意根外，前五根属感觉器官，由物质所形成，称为五色根，简称为五根，分具视觉、听觉、嗅觉、味觉、触觉等生理功能。小乘的一切有部还将五根进一步细分，套用现代医学术语，他们认为感觉作用来自不可见的神经系统（胜义根），眼球、鼓膜等血肉形成之外部器官（扶尘根）起辅助作用，只有胜义根才是五根。

二十二根中之乐、苦、喜、忧、舍等五根能感受外界的印象感觉，与眼等五根相区别，称为五受根。此外，信、勤、念、定、慧等亦称五根，是以其能除烦恼、臻圣道，具有殊胜作用，所以以"根"称之，为了区别于眼等五根，而称为五无漏根。又未知当知根、已知根、具知根等三根，其本体多为之前的意、乐、喜、舍、五无漏根等九根；未知当知根在见道，已知根在修道，具知根在无学道所引起，此三根又称作三无漏根。

再次，二十二根中的女、男、命根等，指命根与寿命。女根、男根指给予女性、男性具有性别特征的力量，特指性器官而言。性别从男转变成女或由女转变为男，称为转根。一般所说二根，有时指胜义根与扶尘根，有时指女根与男根。

（二）根有根机、根性之意，表示受教者的性质、资质。因根有优劣之分，所以有所谓利、钝二根，或上、中、下等三根，利、中、钝等三根的区别。若以修道力修炼之，从钝根、下根而渐修至利根、上根，称为炼根或转根。各种转根之中，特别指由声闻（下根）修至缘觉（中根），再往上达到菩萨层次（上根）。

⑥相续：梵语为 samtati，巴利语同，即前后连续无间断之意。这里指有为法的前因后果连续不绝，称为相续。《大毗婆沙论》卷六十称有五种相续：

（1）中有相续：谓"死有"状态的各种因素消失，"中有"状态的各种因素产生。此"中有"的各种因素续接"死有"的各种因素，所以称中有相续。

（2）生有相续：谓"中有"或"死有"状态的各种因素消失，"生有"状态的各种因素产生。此"生有"的各种因素续接"中有"的各种因素，或续接"死有"的各种因素，所以名为生有相续。

（3）时分相续：谓羯剌蓝乃至盛年时期的各种因素逐渐逝去，頞部昙乃至老年阶段的各种因素产生。此頞部昙乃至老年时期的各种因素接续羯剌蓝至盛年时期的各种因素而称为时分相续。

（4）法性相续：指善法的无间之中生出不善法或无记法，此不善法或无记法接续之前的善法。其他如不善法或无记法之无间同样能生出善法，二者前后相联，故称法性相续。

（5）刹那相续：指"前前刹那"的无间之中产生"后后刹那"，此"后后刹那"接续"前前刹那"，所以名为刹那相续。这里用"前前""后后"都是为了表明时间的短暂性。

这五种相续总摄在法性、刹那二种相续中，因为前三种都不离法性与刹那相续。法性相续也可归于刹那相续中，因为一切都有刹那性。

又，上述五种相续，随三界五趣而各有分别，欲界五种都有，色界没有时分相续，无色界没有中有和时分二种相续。五趣中，地狱无时分相续，其余四趣则五种相续兼具。此外，又有称人等的依身为相续的，如《俱舍论》卷五云："相续有异，异生、圣者相续起故。"同书卷二十二又说："由此比知，以有爱故，能令相续驰趣后有。"由此可知，又可将自己的依身称为自相续，他人的依身称为他相续，一人称一相续，多人称多相续。

【白话】

"所谓边见，是说凡夫执着色、受、想、行、识等五蕴为实我，由此种种妄想执着而产生许多片面极端的见解。边见有两种，为常见和断见。见到世间一切现象与事物处于不断变化中，就认为一切因果条件不相连续，这就是断见，不是正确见解。相反，认为世界常住不灭，人死之后自我亦不消灭，能再生而以现状相续，这就是常见，也非正见。存在这些偏执见解，是因为众生心念颠倒的缘故。对眼、耳、鼻、舌、身等感官，分别加以思维，只见到现世这些器官最终可能全部坏掉，却不知道生有、中有、死有的相续不绝，认为世间及我仅限于此生，死后即归于空无，这是由于心念颠倒而产生的谬误观点。另一方面，不能了解心的相续，不知道意识是刹那生灭，而误以为心法恒常，这种思维和结论就起于常见，这也是由于心念颠倒而产生的谬误看法。所有这些颠倒妄想都是由于对认识对象的本质产生或不及或过分的认识，形成种种想法和分别，从而或执其为恒常，或执其为断灭。

总之，众生执假为真，其看待色、受、想、行、识五蕴，是对无常而作恒常想，苦上作乐想，无我作有我想，不净作清净想。

一切阿罗汉和辟支佛虽然得到清净智，也只是消除了凡夫的边见，对于佛所证的如来藏智境界和如来法身还不能见到，无法证得。"

【评析】

胜鬘首先分析凡夫不能认知灭谛境界的原因。在佛教，凡夫就是"我见"的代名词，由我见而产生边见。在详细分析了两种边见——常见和断见的错谬所在之后，胜鬘得出结论——二者都不合乎真理，并作以总结，谬见的产生来自众生执着自我的颠倒妄想，没能认识五蕴的实质。

其次，胜鬘用语不多顺便评价了二乘。二乘对五蕴的认识尽管是清净的，也无边见，但能力有限，无法明了如来藏智境界，故而也无法得证如来法身。

【经文】

"或有众生，信佛语故，起常想、乐想、我想、净想，非颠倒见，是名正见。何以故？如来法身，是常波罗蜜，乐波罗蜜，我波罗蜜，净波罗蜜①。于佛法身，作是见者，是名正见。正见者，是佛真子，从佛口生，从正法生，从法化生，得法余财②！"

【注释】

①常、乐、我、净：梵语为 nitya-sukha-atma-subha。为涅槃四德。大乘佛教认为，一旦证入涅槃，就会具有真正的常乐我净。因为涅槃的体性具有四种功德，恒常不变没有生灭，为常德；寂灭且永安，为乐德；得大自在，一切自主，体性无任何变易，为我德；解脱一切烦恼，为净德。自《胜鬘经》称作"波罗蜜"起，涅槃四德也被称为四波罗蜜。

②法财：与"世财"对称，指佛法、教说等。原文"得法余财"将此专有名次打开。佛法是宇宙人生的真谛，能滋润众生，为众生长养慧命资粮，犹如世间的财物能使众生拥有丰厚的物质生活，故喻为法财。

【白话】

"当然，也会有这样一类众生，他们对佛所说法诚信不疑，能够对如来法身生起恒常不变、寂灭安乐、完全自主、一切清净的想法，这就不是所谓的颠倒见，而是正见。为什么这样说呢？因为如来法身本来就具足常波罗蜜、乐波罗蜜、我波罗蜜、净波罗蜜等四种功德，因此，对佛的法身如此理解，就是正见。持正见的众生就是佛陀真正的传人，是从佛的口中出生，自正法中出生，由佛法中化生，得佛之一分，享法财之用！"

【评析】

前文述及众生迷妄的原因和错误见解，此处指出，并非所有众生都没有正见。存在迷妄，就有觉悟。胜鬘即说明具有正见的众生应如何看待佛之法身：相信佛说，认定法身具备常乐我净四德。衡量正法标准的三法印在此得到充分体现，首先需认识到世间"诸行无常，诸法无我"，这二法印是暗含的前提，只有思想上破除我见，才能知"涅槃寂静"，正确理解如来法身。

"从佛口生"是借用了婆罗门常用的比喻。婆罗门为了证明自己高贵，称其是从梵天之口所出，因而是清净梵天的一部分。胜鬘套用此说，并扩展到"从正法生，从法化生"，是要说明既然众生与如来藏无异，就本自含有如来法性，与法身等同，所以堪称佛子，并一定能得到佛法的滋润，享受佛的法财。

【经文】

"世尊！净智者，一切阿罗汉、辟支佛智波罗蜜。此净智者，虽曰净智，于彼灭谛，尚非境界，况四依智[①]。何以故？三乘初业[②]，不愚于法，于彼义当觉当得。为彼故，世尊说四依。

世尊！此四依者，是世间法。世尊，一依者，一切依上，出世间上上第一义依，所谓灭谛。"

【注释】

① 四依智：指声闻、缘觉二乘的初修者觉悟四谛而生的智慧。
② 初业：指刚刚开始修行的人。

【白话】

"世尊！前面所说的清净智是一切阿罗汉和辟支佛所证得的智波罗蜜。这种清净智慧，虽然也叫做净智，却无法和如来所证得的如来藏空智相提并论。至于二乘初修者依于四谛而得之智就更不用说了。那么，为什么还要说四依智呢？这是为了方便引导三乘初发心修行的人，使他们不至于对佛法的真实意义产生疑惑。在此基础上，他们将来必定会彻底明了四谛的真义，证得佛法的真谛。正因为如此，世尊才说四种依止。

世尊，这里所说的'四依'属于世间法。但是，世尊，从根本上说，其实只有'一依'，它是一切依止的根本所在，是出世间的无上的最究竟的依止。这就是无作四谛中的灭谛。"

【评析】

前文讲述了胜鬘将四谛分为"作圣谛"和"无作圣谛"高低两层次，又在无作圣谛之中突出灭谛，由此引出如来藏思想，在从正反两面探讨了对灭谛应有的知见之后，此处笔墨回转落到阿罗汉与辟支佛的净智，并如前同佛相对比，说明佛讲四依之理还是佛的悲心方便。结论是，本质上只有一依，就是灭谛。

四谛所蕴含的内容愈经挖掘愈发简要，从阿罗汉、辟支佛的四谛成就至最后身菩萨的四谛境界，再到佛的四谛证境，最后归结至一谛，这种思维和论述过程在佛经义理讲解中十分常见。佛教根据人生宇宙的复杂现象设有繁杂的法相概念，有种种方便说法，但越是深入，越呈简单，最终连这种简单也以"空"破除。

【经文】

"世尊,生死者,依如来藏。以如来藏故,说本际①不可知。世尊,有如来藏故说生死,是名善说。

世尊!生死生死者,诸受根②没,次第不受根起,是名生死。世尊,生死者,此二法是如来藏。

世间言说故,有死有生。死者,谓根坏;生者,新诸根起。非如来藏有生有死。如来藏者离有为相,如来藏常住不变。是故,如来藏是依,是持,是建立。世尊,不离、不断、不脱、不异、不思议佛法。世尊,断、脱、异、外有为法依持建立者,是如来藏。"

【注释】

① 本际:通常有三种含义。(一)指根本究竟的边际。即绝对平等的万有本体,多指涅槃而言。取此意时,可同于作真际、真如、实际。如《圆觉经》云:"平等本际,圆满十方。"本经取此意,也引申为时间的开端;(二)指过去或以前的状态。与前际同义;(三)指真理之根源、万物的根本。

② 受根:即六根,见前注释。因为六根能执取色、声、香、味、触、法六境,所以叫受根。

【白话】

"世尊,凡圣都有生死,生死的作用也是依如来藏而有。由于如来藏的体性了无生灭,所以生死的初始无法追究。世尊,以清净恒常的如来藏为基础来解说生死流转,才是真实的说法。

世尊啊!我们通常所说的生生死死是众生的六根,即六种生理感官反复生成消灭的过程。如果眼、耳、鼻、舌、身、大脑这六大器官逐渐坏灭,然后新的尚不能感知六境的诸器官生起,这就是生和死。世尊，生与死二法，其体性不离如来藏！

按照世俗的说法，有生也有死。死，就是诸根毁坏；生，就是新的诸根形成。但这并不是说如来藏本身有生有死，如来藏常住不变，远离生、住、异、灭等四种现相。所以，如来藏既是世间一切有漏生死法的依托，也是清净解脱的所依，摄持一切功德，一切法依它而建立。世尊，如来藏不脱离、不断除、不相异于所有不可思议的佛法。世尊，那有断除、脱离、相异、有外求的一切有为法所依赖建立的，也正是这如来藏呀！"

【评析】

这里分析生死与如来藏的关系，凡夫的分段生死和圣者的变易生死都依于如来藏而存在。第一小段是总说，后两段为详细分析。历来认为"如来藏为凡夫生死所依说"不易理解，在此试用相对与绝对的关系来作解释。

如来藏没有生死，而是具有显现生死的作用。为什么？其一，既是原因也是前提。如来藏同于法身，常住不变，自性清净，而流转生死的众生或因见解错误，或因智慧所限无法理解，所以是"本际不可知"。

其二，如来藏清净恒常，而生死是不断变化循环不息的过程。这里借用牛顿物理学研究方法来说明。由于自然界是不断变化的，所以，物理学中研究某一物体的运动必须限定在一定的参照系内，比如，测定汽车的速度是假定地面是静止的，实际上地球不仅存在自转，还有围绕太阳的公转；再如，研究地球的运动又以设定太阳是静止的为前提。当然，现象世界不存在绝对参照物，一切都是相对参照系。理念世界则有不同，具体到佛教修行的次第上，凡夫的生死属于现象世界，其生死是肉体生成到逐渐衰坏的一种循环过程。圣者的变易生死已经脱离六道的色质束缚，属于理念世界的生死，可以作为凡夫的分段生死的相对参照物；如来藏亘古不变——"如来藏者离有为相,如来藏常住不变",完全可以充当两种生死的绝对参照物。以绝对看相对当然清楚,绝对寓于相对之中,相对之中包含有绝对的因子,故两种生死都未曾远离如来藏。所以,以如来藏解说生死是符合真理的讲法。反之,相对无法超越自身来理解绝对,所以离开绝对的如来藏说生死,不可能有完全正确的见解。

事实上,胜鬘说生死二法是如来藏,表明如来藏不仅是一种绝对的存在,而且是生死涅槃圆融一体的境界。世俗的生死乃至圣者的涅槃当然都依托于如来藏;在证得如来藏的行者眼中,生死等有为法就是不可思议的佛法。

这里,在解释生死是"诸受根没,次第不受根起"一句,笔者与流行的译法理解不同。通常将"诸受根"理解为"感觉不再生起",笔者认为不妥。因为前面"诸受根"已有特指的对象;又根据下文"是名生死",则此处不单指"死亡",还应包括"生";另外"诸受根"与"不受根"应该是相续的关系,有共同所指——"根"。故笔者以为,正确理解的关键在于"根"。"根"自身也随个体有生成和死亡过程,并非一开始就有执取六境的功能,譬如胎儿初成,六根就一点点的逐渐生长,出世以后感官还有一段时间的成熟过程,对六境的执取也是渐渐加深的,所以将"诸受根"理解为"新的尚不能感知六境的诸器官生起"似乎更妥。

【经文】

"世尊,若无如来藏者,不得厌苦乐求涅槃。何以故?于此六识①及心法智②,此七法刹那不住,不种众苦,不得厌苦乐求涅槃。世尊,如来藏者,无前际,不起不灭法,种诸苦,得厌苦乐求涅槃。"

【注释】

① 六识:梵语为 sadvijnana,指眼、耳、鼻、舌、身、意等六根

对外境所产生的六种认知作用，分别为眼识、耳识、鼻识、舌识、身识、意识。

（1）眼识：眼根对色境时，即产生眼识；只能见色，未起分别。

（2）耳识：耳根对声境时，即产生耳识；只能闻声，未起分别。

（3）鼻识：鼻根对香境时，即产生鼻识；只能闻香，未起分别。

（4）舌识：舌根对味境时，即产生舌识；只能尝味，未起分别。

（5）身识：身根对触境时，即产生身识；只能觉触，未起分别。

（6）意识：意根对法境时，即产生意识。意识与前五识的最大差别在于能对五境产生善恶好丑等种种分别。

②心法智：是末那识的异名。末那，为梵语 manas 的音译，意译为意，思量的意思。唯识宗将有情的心识立为八种，前六识如上所讲，末那识为八识中之第七识，为恒执第八阿赖耶识为"我"的染污识。为与第六意识区别，而特用梵语发音称为"末那识"。此识恒与我痴、我见、我慢、我爱等四烦恼相应，恒审第八阿赖耶识之见分为"我、我所"而执着，所以其特点为不间断地审查一切事理并思虑量度。

【白话】

"世尊，如果没有如来藏，众生就不会厌离生死等诸苦，也不会乐于追求涅槃寂静。为什么这么说呢？因为众生的六识和执着于自我的第七末那识都是刹那生灭，不能久住，一旦离开如来藏，众生所造的善恶业的种子就无处可种，就无法形成三界的生死流转，从而众生就不会厌离生死诸苦而欣求涅槃之乐了。世尊啊，如来藏没有时间的开端，是不生不灭的，是生死诸苦之所依。只有依赖如来藏，众生才会厌离诸苦而欣求涅槃。"

【评析】

这里总结如来藏的作用。如来藏是世间一切烦恼和解脱清净法的依持。前面提到两种如来藏空智，从空如来藏智来看，如来藏自性清净，是清净法的依持；而从不空如来藏智来看，它包含无量的佛法和功德，佛法专门对治烦恼，所以如来藏又是一切烦恼法的依托。这里实际解说了烦恼世间是如何从法尔本然的如来藏生起的，从逻辑和义理两方面将如来藏与阿赖耶识相通。二者如何相通的呢？

  这里有必要介绍一下八识的知识。根据唯识理论，心分八识——眼识、耳识、鼻识、舌识、身识、意识、末那识、阿赖耶识。前六识是认知外部世界，以六根为缘产生种种分别。第七识末那识以刹那不断的审察思量为特性，向内执取阿赖耶为我，向外认识境界为实法，是第六意识所依之根，伴随有我痴、我见、我爱、我慢等四烦恼。第六意识即根据末那识的妄执而不能了悟"三界唯识"，生起法执，误认为心外有物，万有确实存在。从而，由末那识的"我执"和第六识的"法执"而使人造诸恶业，沉沦生死。阿赖耶识包含宇宙万有的种子，也叫藏识，有能藏、所藏、执藏三种功能。能藏，是能含藏发生一切善恶诸法的种子；所藏，是收集前七识熏习的善恶法的种子，并为这些种子所覆藏；执藏，是被第七末那识执着为实法、实我。阿赖耶识是根本识，不仅变现宇宙万有，而且产生前七识，是生死轮回的主体。通过阿赖耶识可以说明生命的构造、相续、轮回及其与世界的关系。

  从原文来看，胜鬘分析生死流转的原因先说六识和末那识，之后未提阿赖耶识而直接说如来藏。再由原文内容可知，如来藏能够"种诸苦"，这正是阿赖耶识的能藏作用，记下众生善恶业种，而使业报相续不断。所以，胜鬘虽未直接定论，实际上已将二者相同。但是，它们又不完全相同：如来藏是真实的绝对的存在，阿赖耶识只是一种虚妄的存在，在缘起法的范围内，最终需要破除。关于二者的关系《大乘起信论》有详细叙述。

  接下来将说明三种众生不能认知如来藏。堕身见众生是指凡夫，颠倒众生指二乘，空乱意众生指初发心偏重于修断灭空的菩萨。

【经文】

"世尊!如来藏者,非我、非众生、非命①、非人。如来藏者,堕身见②众生,颠倒众生,空乱意众生③,非其境界。

世尊,如来藏者,是法界④藏,法身藏,出世间上上藏,自性清净藏。"

【注释】

① 命:此处指"命根",梵语为 ji^vitendriya。指生命、生命的持续力,或众生与生俱来的生命机能或原理。根据《俱舍论》所述,命根即是"寿",能使有情于一期生命之间的体温、心识持续不断。佛经中,"我相、人相、众生相、寿者相"常常连在一起出现,故此处为了同其他经典一致译作"寿命"。

② 身见:即我见。见前注释。

③ 空乱意众生:指初发心菩萨以断灭见修诸法空相,或认为空为实有等,都是对空错乱的理解,所以叫空乱意众生。

④ 法界:梵语为 dharmadhatu。法,泛指宇宙万有一切事物,包括世间和出世间法,通常释为"轨持",即一切不同的万事万物都能保持各自的特性,互不相紊,并按自身的轨则,能让人们理解是什么事物。界,含有种族、分齐的意思,即分门别类的不同事物各守其不同的界限。

法界一词,在佛学中,一般指意识所缘的境,即十八界中之法界。此法界在小乘七十五法中摄四十六心所、十四不相应行、三无为法及无表色,共六十四法;在大乘百法中摄五十一心所、二十四不相应行、六无为法及法处所摄色,共八十二法。也有说法界统摄一切法,其余十七界亦名法界。

【白话】

"世尊啊!如来藏既然是法尔本然,就没有自我、众生、寿命、他人的分别和执着。如来藏绝非那些堕落在执着身体实有见地的凡夫、对如来法身颠倒执取的二乘行人和单修诸法空相的初发心菩萨所能明了的境界。

世尊啊！如来藏本来具足世间出世间一切法，所以是法界藏；如来藏是一切法之体性，所以是法身藏；出世间法中，没有比认知如来藏更为殊胜的，所以是出世间上上藏；如来藏自性清净，不被污染，所以是自性清净藏。"

【评析】

此处胜鬘以三种众生不能认知如来藏作为起始，指出如来藏的四个特性。

首先，说如来藏本然存在，这里"非我、非众生、非命、非人"和《金刚经》中"无我相、人相、众生相、寿者相"含义相同，都是在破"我执"，"我执"又分为"人我执"和"法我执"。佛教认为，人是色（包含地、水、火、风）、受、想、行、识"五蕴"在一定条件下的暂时聚合，所以唯有假名，而无实体，由此得出"人我空"的结论破了"人我执"；又由诸法本性为空破掉"法我执"。在般若类经典《金刚经》中，主旨是强调破除"我执"；在《胜鬘经》，则是强调如来藏超越人我、内外、是非等所有的对立与差别，这都以破"我执"为前提。顺提一句，既然没有这四相的差别，如来藏当然不会随着一期生命的结束而消失。

再次，说明有三种众生不能认识如来藏。与前文相对应由低到高为：执"我"为实的众生、只断尽部分烦恼无法理解涅槃境界的常、乐、我、净四种特质的二乘修行者、没有通达法性空的初发心菩萨。

最后，总结如来藏，列出如来藏的另外四种说法，也是如来藏的四种属性。一、法界藏，取其为众生成佛的因，由空如来藏智的含义中得出，众生需要成就如来藏所包含的无量功德和佛法。二、法身藏，以其指修行的果，由不空如来藏智的含义得出，法身清净常在,功德具足。三、出世间上上藏,强调如来藏的真实义。世间变幻无常,虚妄不真,如来藏常住不变,真实清净,所以名"出世间"。而声闻和缘觉乘的法也是出世间的,所以称其为出世法中的上上法。四、自性清净藏,指它的秘密义而言。如来藏同时是清净法和染污法的依托,深奥难懂,实难思量。

【经文】

"此性清净如来藏,而客尘①烦恼上烦恼所染,不思议如来境界。何以故?刹那善心非烦恼所染,刹那不善心亦非烦恼所染。烦恼不触心,心不触烦恼。云何不触法而能得染心②?世尊,然有烦恼,有烦恼染心,自性清净心而有染者,难可了知。

唯佛世尊,实眼实智,

为法根本,为通达法,

为正法依,如实知见。"

【注释】

① 客尘:梵语为 akasmat-klesa。又作客尘烦恼,即烦恼之义,相对于"自性清净"一词而立。所谓烦恼,本来不是心性固有的,是因为迷理而起,所以称为客;又因为烦恼能污染人的心性,犹如尘埃染污万物,所以称为尘。按佛教的说法,人性本来清净无染,一无尘垢,但是因为外境现象纷杳,导致对境生迷而心生烦恼。

② 染心:又作染污心,指贪爱之心、淫欲之心。据《大乘起信论》载,心体本是清净,但因不觉而生起无明,遂被烦恼污染,故有染心。

【白话】

"如来藏自性清净,同时却有烦恼的染污,这染净不二的境界,实在是凡夫与阿罗汉、辟支佛不可思议的如来境界。为什么这样说呢？比如一刹那的善心生起，此心既善，自然不会是受烦恼所染；若一刹那的不善心生起，此心既恶，也不能说是因为受烦恼所染才称其为恶。因此可以说烦恼不接触心，心也不接触烦恼。既然两者互不相触，哪里会有心受污染这回事呢？可是，世尊，事实上是有烦恼，也有烦恼所染心啊。自性清净心有污染，实在是难以明白的境界！

只有佛陀世尊，彻见一切法的实相，具备真实智慧，通达一切法，为正法的所依，才能如实地明了这一境界啊！"

唯佛世尊，实眼实智，

为法根本，为通达法，

为正法依，如实知见。"

【评析】

本段着重说明如来藏的秘密义——自性清净藏。言其秘密有三种意思，一是佛的境界非众生所能想象和理解，二是众生本具如来藏境界而不自知，三是法义高深，不随便示人。

如来藏既然自性清净却又可被烦恼污染，这种说法往往使人迷惑不已。本性清净与烦恼杂染到底保持一种什么关系？在佛教而言，这的确超出一般人的逻辑，也超出二乘的见地。从而有人认为，这反映了佛教理论自身的矛盾。他们提出：既然众生本性自净，客尘烦恼又从何而来？从如来藏中生起的吗？如果如来藏中生烦恼，怎能是本来清净呢？如果烦恼与如来藏本来俱存，那么，"恶"必定也是无始以来就存在的，如何可能转染成净呢？其实，这些问题在胜鬘将如来藏与阿赖耶识相通之时就已经产生。以上问题换一角度即成为：如来藏与阿赖耶识是一真一妄、一清净一染污，完全不同，二者究竟如何建立关系？从概念上推理，似乎行不通。但如果站在佛教逻辑的立场来分析，这一切问题便迎刃而解。

佛教理论与实践密不可分，所有理论的落脚点都在实际修行上是；另一方面，佛教与其他理论体系相比，其最高理论所对应的状态是经过释迦牟尼亲身证实的，不是一种设想或仅是由理论推导出的一种理想状态，所以，理解佛教概念如果采取纯粹的理论思维模式，产生困扰自在情理之中。

佛教对于一个问题的看法，除去我们常见的分析方法外，一个显著特色是——既从施教对象本身的角度来谈如何理解、如何行持，又从最高修证果位来说终极境界或真理是什么，也就是说既从修证阶梯的下端往上看，又从阶梯的最顶端往下看。最顶端成佛的目标好比航标，令修行者始终得以清楚自己所处的阶次，而不迷失或满足于现状。这里，如来藏"染""净"俱存就是佛教的特有思维。本性清净是从最高果位而言，烦恼染污是就现实状态，亦即因位来说的，二者是对同一事物（如来藏）不同角度的表达。不恰当地做一比喻，如来藏的染与净好比登山者站在山顶与登山途中关系。登山途中，登山者一直报有"到山顶"的心念，为此而克服种种艰难险阻。与此同时，沿途而上，景色变换，爬得越高，所见景色越美，只有抵达山顶者，能够欣赏尽所有奇观，最终一览群山之小。同样，佛教行者修行程度有限，犹如在登山途中，只能明白已证的和稍高点的境界，内心充满分别执着，所以无法了知这种超越染净、远离语言文字的境界。只有修证圆满的"佛"明白，一切显现都是清净光明，没有清净与污染的分别。

最后，为了强调同时也是赞叹佛的功德智慧，胜鬘特地献上一偈颂作为代佛讲法的结束语。

【经文】

胜鬘夫人说是难解之法，问于佛时，佛即随喜："如是！如是！自性清净心而有染污，难可了知。有二法难可了知，谓自性清净心，难可了知；彼心为烦恼所染，亦难了知。如此二法，汝及成就大法菩萨摩诃萨，乃能听受，诸余声闻，唯信佛语。"

【注释】

①染污：梵语为 klista，巴利语为 kilittha。即烦恼，因烦恼能染污人们的真性。有烦恼染污、业染污、生染污三种。其中，烦恼染污又称为烦恼杂染，即指诸烦恼；业染污又称业杂染，指诸不善业；生染污又称生杂染，即指各种生死果报。

【白话】

胜鬘夫人说完如上这些难解深妙的法义，转而敬问于佛，请佛证明。佛陀即随顺欢喜道："确实如此！确实如此啊！既是自性清净心，而又有污染，这的确不容易明白。有两种法难以了解难以知晓：一是自性清净心难以明了，二是自性清净心究竟如何被烦恼所染难以明了。象这样深刻的义理，只有你和已经成就广大法门的菩萨才能听闻，也只有你们才能理解接受啊！其他如声闻、缘觉二乘行人只有通过相信佛语而接受。"

【评析】

这一段是佛对胜鬘所说义理的肯定。佛简明扼要地总结了胜鬘所讲的核心内容，一是如来藏自性清净，二是自性清净心在凡夫是被污染的状态，这样的道理都是只有大菩萨才能理解，声闻、缘觉行人众只能相信，无法理解。

【经文】

"若我弟子，随信，信增上者，依明信已，随顺法智①，而得究竟。

随顺法智者，观察施设②根意解境界③，观察业报④，观察阿罗汉眠⑤，观察心自在乐、禅乐，观察阿罗汉、辟支佛、大力菩萨圣自在通，此五种巧便观成就。于我灭后未来世中，我弟子随信，信增上，依于明信，随顺法智，自性清净心，彼为烦恼染污，而得究竟。是究竟者，入大乘道因。

信如来者，有如是大利益，不谤深义。"

【注释】

① 法智：梵语为 dharma-jnana。指根据苦、集、灭、道四谛的道理，而断三界烦恼的无漏智，即称为法智。也就是彻知佛法真理的智慧。

② 施设：安立、建立、发起的意思。

③ 根意解境界：根，指五根；意，指六识；境界，指十八界，也可以指一切可作为对象的"境界"。

④ 业报：业与报并称。意思是业的果报。指由身口意的善恶业因所必然招感的苦乐果报。这是佛教的重要基本观念。业报有善、不善、无记三种，善得善报，不善得不善报，无记则不报；这也是佛教所主张的必然业报法则，在这个法则中，业不但为受身因缘，万物亦从业因生。有漏的善、不善有异熟、等流等果报，无记及无漏之业则只有等流、离系等果报而没有异熟果。一般只把有漏的善、不善业所招之异熟果称为业报。

⑤ 阿罗汉眠："眠"，有人理解作"眼"。若为"眼"，则指阿罗汉净智。此处权且认为是"眠"，全称"随眠"，指烦恼或烦恼的种子。阿罗汉虽已断除四种住地烦恼，尚有待于断除根本无明烦恼。

【白话】

"如果是佛的弟子，就应该跟随自己对佛的信心修行，信心逐渐坚固，智慧随之增长，由情感上的相信达到理性上的相信，再依照这种智慧观察正法，由此悟入正法而得究竟真理。

所谓'随顺法智'，就是依法进行五种善巧观察，一是观察为何安立六根、六境、六识，其实质是什么；二是观察种种善恶业和由此带来的种种果报；三是观察阿罗汉，阿罗汉虽然已经断除四种住地烦恼，但还有无明住地烦恼未断，这是二乘的随眠烦恼；四是观察心远离烦恼的自在解脱之乐和深入禅定之乐；五是观察阿罗汉、辟支佛和大力菩萨种种随意无碍的神通自在。成就这五种善巧方便观察，就是随顺法智。在我灭度后的未来世中，如果我的弟子能随顺我的言教修行，并且信心不断增长，达到理性上的相信，再以此明信为基础，进行如上五种善巧观察，就能了解自性清净心及其被烦恼染污这两种深妙法义的究竟义理。彻悟这两层法义，是进入大乘修道的必备条件。

诚信如来言教，有如此大的利益，这样的众生当然不会毁谤大乘佛法的深妙义理。"

【评析】

本段承续上文，针对"如此二法，汝及成就大法菩萨摩诃萨乃能听受，诸余声闻，唯信佛语"而说。

佛法入门有利钝之分，取决于修行者的根器。利根之人习惯于理性地看待一切，认识问题喜欢刨根问底，不满足于仅仅听闻师长教导或阅读经典，还要加上自己的观察、推求、参证经论，有了深刻的理解，这才深信不疑，精进修学。钝根之人一切随信心而转，他并不想追究所以然，只要对教导者产生信心，就谨随师长的言教修行。这类根性一般不需详细开示，说多了不但不感需要，有的反而会糊涂，可谓"可使由之，不可使知之"。这类人主要是亲近善知识，依师长的教授而修学，简单直捷，提起便行，从修习的经验中，逐渐增长智慧。二者相比，利根之人引导人进修的能力强。

然而，利与钝并非截然分明。从具体法门来看，法门有高低，所以对应每一法门都有利钝之分。如阿罗汉在"破我执"上与凡夫相比是利根，而在理解如来藏方面与大力菩萨相比又是钝根。从承接关系来看，钝必将向利转化。人们接受佛法之后，慢慢深入，开启本身的智慧，主动性增强，逐渐具备觉悟能力，这时"随信"之中，智信的比重就越来越大了。

事实上，信来源于情感，智以理性为基础，佛教要求信众在这两方面平衡进展，因为"有信无智，则长愚痴；有智无信，则长邪见"；《四阿含》记载佛陀的言教，也多次强调弟子要智信，不可迷信。所以，信与智是学佛所不可缺少的功德；二者兼备，也是佛法与其他宗教的最大差别。尽管初入门者偏重一方，但究竟的目标一致，达到"成就大法菩萨摩诃萨"的水平，自然会信智一如。

其实，先以信引导众生入门，再令众生在修道实践中思考、检验以前直接接受的道理正确与否，不失为一科学途径。我们当代的科学正是基于同理。自然科学的基点是建立在几条不能证明的假设——我们称其为"公理"——之上，假设→推理→证明→实践检验这一流程是哲学、自然科学经常采用的一种思考模式，这和上述钝转化为利的过程，先接受佛理，再在以后的修道过程中或逻辑推导或实际修法证明之，有异曲同工之效。

笔者窃以为，从事人文研究的学者在适当的情况下采取这种思路，也许能另辟蹊径，有"柳暗花明又一村"之效。

【经文】

尔时，胜鬘白佛："更有余大利益，我当承佛威神，复说斯义。"

佛言："便说。"

胜鬘白佛言："三种善男子、善女人，于甚深义，离自毁伤，生大功德，入大乘道。何等为三？谓若善男子、善女人，自成就甚深法智；若善男子、善女人，成就随顺法智；若善男子、善女人，于诸深法不自了知，仰推世尊。非我境界，唯佛所知，是名善男子、善女人仰推如来。

除此诸善男子、善女人已，诸余众生，于诸深法，坚着妄说，违背正法，习诸外道①腐败种子②者，当以王力及天、龙③、鬼神④力而调伏⑤之。"

【注释】

①外道：梵语为tirthaka或tirthika，巴利语为titthiya。又常叫作外教、外法、外学，指佛教以外的一切宗教。梵文原义是指神圣而应受尊敬的隐遁者，最初为佛教称其他教派的用语，佛教自称为内道；与此对应，称佛教经典为内典，佛教以外之经典为外典。到了后世，逐渐附加进异见、邪说的意思，"外道"遂演变为贬义的称呼，指真理以外的所有邪法。此外，修行到较高层次，佛教也将有心外求法称为是外道的说法。

②腐败种子：比喻的说法，指不能在佛法中种植善根、生出功德苗芽的众生。

③天龙：即天龙八部。指天神、龙、蛇等护持佛法的八种护法神。"天"，指梵语天、帝释天、四天王等天神，果报殊胜，光明清净。"龙"，指八大龙王等水族之王。"夜叉"，指能飞腾空中的鬼神。"乾闼婆"，是帝释天的音乐神，以香为食。"阿修罗"，又译为一"非天"，因其有天之福而无天之德，似天而非天；二"无端"，因其容貌很丑陋；三"无酒"，言其国酿酒不成。此神性好斗，常与帝释作战。"迦楼罗"，即金翅鸟，身形巨大，两翅展开有数百万里，取龙为食。"紧那罗"，似人而有角，故又名"人非人"，又称天伎神、歌神。"摩侯罗伽"，即大蟒神。这八部都是受佛威德所化，成为佛的眷属而护持佛法。因此在大乘经典中，他们往往是佛陀说法时的会众。

④鬼神：具有超凡力量，能自在变现的生命，虽然也属于凡夫众生，但其能力优于凡人的灵体。有守护佛法、保卫国土的善鬼善神，

也有破坏正法，危害于人，破坏国土的恶鬼恶神。形像有容貌端正的，也形状恐怖的，如人面兽身、兽面人身等，种类甚多。其行动飘忽莫测，隐现自如。在佛典中主要指夜叉，偶而也指宿栖树上的神。

在众多鬼神中，远自《吠陀》时代就已经有不少成为人们的信仰对象。到后世密教兴起，鬼神成为毗卢遮那佛性德的象征，被列入曼荼罗之中。在佛典中，较常见者有下列数类：

（1）毗舍阇，有时也音译为毗舍遮，意译作食血肉鬼、啖人精气鬼、癫狂鬼等，是食人精气或血肉的恶鬼。据说是东方持国天的眷属。

（2）部多，音译又作负多，为一种化生的鬼类。

（3）鬼，又译作饿鬼。在古代印度原是指痛苦不堪，不能受子孙祭祀的父祖之灵。在佛典中，则指堕入饿鬼道、恒常处于饥渴状态的众生。

（4）毗陀罗，意译为起尸鬼，指能役使尸体站立，并以其杀害冤家的鬼神。

（5）夜叉，又译作药叉，意译为捷疾鬼、勇健、能啖。在古代印度被视为神圣的灵体，或具超自然力的半人半神。在佛典中，夜叉是住在地上或空中，食人血肉的恶鬼，有时也是守护正法的善神。在鬼神八部与天龙八部众之列，是毗沙门天的眷属。

（6）罗刹，是行地飞空，以神通力惑人，食其血肉的恶鬼。

此外，有所谓"鬼神八部"者，指夜叉、罗刹、鸠槃荼、毗舍阇、富单那、辟荔多、乾闼婆、龙等八种鬼神。

⑤调伏：有两种含义。一是指身心内在之调和，控制驾御身口意三业，制伏诸恶行。二是指对外的教化，令三世怨敌、恶魔外道等舍恶降伏。对于柔和者，以法教导；对于威猛的，则以势伏之。

在密教中，有不动、降三世、军荼利、大威德、金刚夜叉等五大明王，显现忿怒勇猛相。以其为本尊，令怨敌、恶魔信服的修法，称为调伏法。

【白话】

听完佛的印证和开示,胜鬘夫人再次请求佛陀,说:"以信心而入大乘之道,随之而来的还有很多巨大的利益呢!今天我应当借助佛陀的威神之力,再加以解说。"

佛陀应允道:"好啊!说吧!"

于是,胜鬘对佛说:"有三种男信众和女信众深信佛所说的深妙法义,得到三大利益:一是不会怀疑、毁谤、曲解佛所说的法义,从而避免谤佛谤法的巨大恶业;二是生出广大的功德;三是进入大乘修行之道。究竟是那三种人呢?是那些凭借自己的善根智慧对深妙法义究竟了解的男女信众;是那些依照五种善巧观察而成就随顺法智的男女信众;是那些自知对深妙法义难以领悟,但景仰推崇佛并以佛为依靠的男女信众,他们认定:'这不是我所能知道的境界,只有佛才了悟一切!我相信佛所说的一切,并按照佛所说去作。'

除此这三种男女信众,其他众生对于佛所说的深妙法义本来就不知不见,却坚持种种颠倒邪说,违背正法,追随外道修习,不能萌发正法的种子。对于这些人,应当以帝王的力量或者天龙八部等鬼神的威力去降服他们。"

【评析】

如来藏义理深奥难懂,唯佛能知,但明白如来藏自性清净却又能被烦恼染污是进入大乘的必要条件,这样的矛盾在信众如何解决呢?

胜鬘在此总结有三种人能深信佛所说法义,进入一乘境界。不难发现,三种人的入道法门不出信入和理入。前两类是靠智慧而生信,是为"明信",第三类人自己无法判别,凭对佛对己的信心,坚信佛陀的一切言教。列有第三类颇具深意,因为利根之人毕竟不多,佛法道理非一时半刻能够融通,所以佛法教化方法之一就是让人不妨先相信,如"信为道源功德母","佛法大海,唯信能入"等,待人们自己有所证悟，根据事实再反思判断佛法是否是真理。同样，这三种划分也非截然分明，只是某一特征更明显而已。这三类人其实在前文论述中都有提及。

既然有追求正法的众生，必然也存在相反类型的众生，他们与正法背道而行，以邪命外道为准则，沉沦苦海越陷越深而不自知。所以最后，胜鬘表明护持大乘正法的决心和降服这些"腐败种子"的办法。

"降伏"似乎有违佛教慈悲本怀，实则不然。言佛有八万四千种法门，是佛教引导众生方法灵活不拘一格的比喻说法。通常佛教展现在世人前的大多为慈悲的一面，例如本经中所讲的诸如皈依正法、利益群生等等，这是对根器高低不一的大多数众生而言的。而对于危害众生、阻挠正法的邪魔歪道，通常的方法毫无作用，正如俗语所说"道高一尺，魔高一丈"，此时唯有"高其十米"以强势力令其臣服。

"降伏"法看似猛烈，内在却仍是慈悲的表现。根据佛教的因果论，谤佛、谤法、断人的法身慧命恶报深重，而降伏法是最快最有效终止其恶业的手段，可借强力引其进入正道，使其少受恶报。佛教的护法，如天龙八部之中的许多部类就是经降伏后心服口服誓愿保护佛法的。我们的生活中何尝不是如此？对于危害百姓生命乃至国家财产的恶人，道德感化作用微乎其微，唯有以法律强制制裁才能确保国家社会的安定。故此，降伏也是佛教度生的一大类法门，在大乘密教中表现最为明显。

【经文】

尔时，胜鬘与诸眷属顶礼佛足。佛言："善哉！善哉！胜鬘，于甚深法方便守护，降伏非法，善得其宜。汝已亲近百千亿佛，能说此义。"

【白话】

说完后,胜鬘夫人和眷属们一一五体投地,顶礼佛足。佛陀道:"好啊!好啊!胜鬘呀!你能够如实演说佛所说的深妙真理,运用种种方便力量加以守护,能够降服背离正法的众生,并且这一切都做得恰如其分。你之所以能演说这些深妙的真理,都是由于你往昔曾亲近千百亿诸佛啊!"

【评析】

佛再次赞叹胜鬘护持正法的决心。"方便守护"与"降服非法"就是前文评析中提及的两种教化方法。"方便守护"是不仅自己信受佛言,依法修行,还要摄受众生入于正法;"降服非法"就是以威力慑服邪魔歪道,使之归入正道。此外,佛还印证,胜鬘初次见佛就说出如此高深的道理,是由于她"已亲近百千亿佛",也就是说,胜鬘的大根器乃经累世累劫的漫长修行而得来的。

【经文】

尔时,世尊放胜光明,普照大众,身升虚空,高七多罗树①,足步虚空,还舍卫国。时,胜鬘夫人与诸眷属合掌向佛,观无厌足,目不暂舍。过眼境已,踊跃欢喜,各各称叹如来功德,具足念佛②。

还入城中,向友称王③称叹大乘。城中女人,七岁已上,化以大乘。友称大王,亦以大乘化诸男子,七岁已上,举国人民皆向大乘。

【注释】

① 多罗树:梵语为 tala,巴利语同。属棕榈科乔木,又名岸树、高竦树,学名为 Borassus flabelliformis。这种树盛产于印度、缅甸、

斯里兰卡、马来群岛及热带非洲。树长成后一般高达七十余尺，花大而白，果实成熟呈红色，形状象石榴。树叶呈扇状，叶面平滑坚实，可用以书写经文，人称贝叶或贝多罗叶。《大唐西域记》之〈恭建那补罗国〉就说："城北不远有多罗树林，周三十余里，其叶长广，其色光润，诸国书写莫不采用。"此外，因各树高度相近，所以印度多将其作为计量高度的单位。

② 念佛："念"，表示内心铭记不忘，时时系念。正确的念佛是对佛的了解系念，大致可归为四种：一、念佛名号；二、念佛相好；三、念佛功德；四、念佛法性身，这叫实相念佛，正是本经所指。

③ 友称王：就是胜鬘夫人的丈夫。

【白话】

此时，世尊身上放出殊胜无比的光明，普照与会一切大众，身升虚空达七棵多罗树之高，当空行走，返向舍卫国。胜鬘夫人和眷属们全都向着佛去的方向合掌致礼，满目尊崇，眼光一刻也舍不得离开。待到世尊的身影从视野中消失，大家身心踊跃，欢喜不已，都连口称颂佛陀的功德，具足念佛的种种功德。

回到城中，胜鬘夫人向丈夫友称王称赞大乘的伟大。自此，夫妇二人在全国大力推广大乘教法，七岁以上无论男女都接受教化，这样，全国人民都开始信奉大乘佛法。

【评析】

从这里进入经文的第三部分——流通分。佛说法不但要利益当时的众生，还要利益后世众生，所以，几乎每一部佛经的最后都有流通分，就是嘱咐弟子要广泛弘扬所说经典，流通后世。流通分也相当与故事的尾声，交待法会结束后主人公佛陀和胜鬘的情况。

佛来时是因胜鬘的诚信感通自空中显现；现在法事结束，佛又以神通力"足步虚空"，返回舍卫国，胜鬘等众人自是恭敬备至。回到城中，胜鬘劝化丈夫友称王，并在全国宣扬大乘都在情理之中。值得一提的是，政权的参与与支持往往是一种信仰传播的最大推动力。佛教早期传播阶段的几次飞越都与王权的支持不无关系。

【经文】

尔时，世尊入祇洹林①，告长老②阿难③，及念天帝释④。应时，帝释与诸眷属忽然而至，住于佛前。

尔时，世尊向天帝释及长老阿难广说此经。

说已，告帝释言："汝当受持读诵此经。憍尸迦⑤，善男子、善女人于恒沙劫修菩提行，行六波罗蜜⑥。若复善男子、善女人，听受读诵乃至执持经卷，福多于彼，何况广为人说！是故，憍尸迦，当读诵此经，为三十三天⑦分别广说。"

复告阿难："汝亦受持读诵，为四众⑧广说。"

【注释】

① 祇洹林：洹，为梵语音，就是林的意思。祇洹林即祇树给孤独园。

② 长老：梵语为 sthavira，巴利语为 thera。指年龄长而且学法时间久、智德俱优的大比丘。又称上座、耆宿、耆旧、老宿、长宿等。《长阿含》卷八《众集经》列举三种长老：（一）年耆长老（巴利语为 jati-thera），指入佛道多年的僧人；（二）法长老（巴利语为 dhamma-thera），指精通教法的高僧；（三）作长老（巴利语为 sammuti-thera），为世俗假名的长老。

③ 阿难：梵语为 Ananda，巴利语为 Ananda，佛陀十大弟子之一，全称阿难陀。意译为庆喜、欢喜或无染。中印度迦毗罗卫国人，出身刹帝利族，是佛陀的堂弟。他的父亲，有说是斛饭王，也有说是白饭王，或为甘露饭王。阿难生来仪表堂堂，面如净满月，眼如青莲

华，身光净如明镜。

在阿难的传记中，最受注目者有三件事。

（1）二十余年间为佛陀的常随弟子，如影随形侍奉佛陀身边，并任说法传持的重任，又因为善于记忆，对于佛所说法多能背诵，以"多闻第一"而著称。

（2）尽力于成全憍昙弥出家。据《中阿含》卷二十八《瞿弥经》记载，当初，佛的姨母憍昙弥出家志切，然而佛陀不许。后来经阿难再三陈情，佛才制定了八敬法，允许憍昙弥和其他五百释迦族的女子出家。这是佛教教团有比丘尼的开始，全赖阿难之功。

（3）参与第一次经典结集。阿难出家后，随侍佛陀二十余年，但是直到佛入灭还未离欲证果，后经迦叶列举五罪呵责，阿难发奋禅思终于廓然大悟，加入五百大阿罗汉之列，诵出经藏。佛经得以传至今日，阿难功不可没。

据《付法藏因缘传》卷二、《阿育王传》卷四等记载，阿难继摩诃迦叶之后，为主持佛法的第二祖，临终时将法付嘱商那和修，让他任持中印度的佛教，又付法于末田地，让他在罽宾宣扬佛教。

又依《大唐西域记》卷七，阿难于入灭前，离开摩揭陀而向吠舍厘城，欲渡殑伽河时，摩揭陀国阿阇世王追请而来。吠舍厘王则闻阿难前来，治军迎之于北岸。阿难为了不偏袒任何一方，乃于河中游，自舟中上升虚空，以禅定之力火化自己，且将遗骸两分堕于南北两岸。两军为此大恸哭，各还本国起塔供养。

④ 天帝释：梵语为 Sakra-devanam-indra，巴利语为 Sakka-devanam-inda，汉译另有释提桓因、帝释天、因陀罗、释迦因陀罗、憍尸迦等名称。忉利天，即三十三天的领袖，佛教的重要护法神之一。

据传，帝释天原是摩伽陀国的婆罗门，生性乐善好施，对于出家人及贫穷困苦者，他都随缘救助。由于生前具有极大的福德，所以死后成为忉利天主。忉利天舍有三十三天宫，帝释天住在中央的善见城统领一切，周围环绕着三十二天宫，分别由三十二位辅臣镇守。这三十二位辅臣，原本是帝释天的挚友。由于他们在人间曾共修福德，所以逝世后一齐成为忉利天的统治者。

忉利天是个极可享受欲乐的地方，自然环境华丽至极，享受与娱乐几乎可谓是该处天众的常务。比较不如意的事，除了寿命将尽时显现五种衰相之外，就是与阿修罗众的战争。忉利天众与居住在须弥山北大海底的阿修罗众是世仇，帝释天与阿修罗的战争，是佛教故事中常见的题材。

帝释天一向甚为护持佛教。他不只喜欢向佛陀请示佛法，而且也经常用种种物品供养释迦牟尼佛与僧众。

龙树在《大智度论》中说，在人间，佛陀把佛法咐嘱给阿难；在天上，佛陀把佛法咐嘱给天帝释。

⑤ 憍尸迦：即天帝释。

⑥ 六波罗蜜：见前波罗蜜注释。

⑦ 三十三天：梵名 Trayastrimsat-deva。六欲天之一，又作忉利天。在佛教的宇宙观中，此天位居欲界第二天之须弥山顶上，四面各为八万由旬，山顶四隅各有一峰，高五百由旬，由金刚手药叉神守护此天。中央宫殿名善见城，为帝释天所住，城外周围有四苑，是诸天众游乐之处。城之东北有圆生树，花开妙香薰远，城之西南有善法堂，诸天众群聚于此，评论法理。四方各有八城，加中央一城，合为三十三天城。

⑧ 四众：有三种所指。一、指佛说法时听者共有四众，即（一）发起众，指能鉴知时机发起集会，或发起瑞相、问答等，以安排佛陀说法者。如《法华经》卷一《方便品》载，舍利弗曾三次请佛说法；（二）当机众，指宿缘成熟，听闻经法立刻证悟而受益者；三、影响众，指从他方佛土来助佛陀教化的古往诸佛菩萨；四、结缘众，指宿善福薄根机下劣的众生，虽未获立即证悟的利益，却以见佛闻法的缘故，已结下将来得度的因缘。

二、指出家之四众，即比丘、比丘尼、沙弥、沙弥尼。

三、指僧俗四众，即比丘、比丘尼、优婆塞、优婆夷。本经此处指代后两者，似乎更偏重于僧俗四众。

【白话】

佛陀回到舍卫国祇树给孤独园，告诉长老阿难召集大众，心中又念及天帝释，天帝释和他的眷属应念而至，站在佛前。

于是，佛陀向天帝释及其眷属、长老阿难等大众再次宣说胜鬘经。

之后，佛陀又告诉帝释说："你应当受持读诵这部胜鬘经。憍尸迦呀，如果有正信的男女信徒，在无量劫中修菩提行，广行六度，其福德该有多大啊！但是，如果另有男女信徒听闻领受并读诵此经，哪怕只是执持经卷，其福德都要比前者多得多，更何况广泛地为人演说此经呢！所以，憍尸迦，你应当读诵此经，广为三十三天所有天众演说。"

随后，佛陀又告诉阿难："你也要受持读诵这部经，并广为四众宣说。"

【评析】

这里就是流通分的主要目的——佛叮嘱阿难和天帝释在人间、天上流通此经。

佛为什么专门召见阿难和天帝释呢？阿难在佛弟子中多闻第一，又是佛涅槃后负责诵出经藏的人；天帝释是三十三天的天主，佛希望正法首先为人天所持受，因而从阿逾陀一回来便要将胜鬘讲论的佛法先告诉他们，以保证佛法在人间天上长存。

经常翻阅佛经的人会发现，几乎每部经典的流通分都极其强调该经，本经也不例外。按照惯常思维就会疑惑：无量劫广行六度居然不如仅仅恭敬地手捧《胜鬘经》？每一部经都说自己的法门至高，到底哪部经、哪个法门最好？

如果跳出这种平面式的一比高低的思维，这些疑问也不难消除。其一，此举目的是为了强调。因为每一部经都专门针对一个或几个主题而展开，阐明佛教理论和实践中的某些重要问题。两经即使主题一样，阐述角度、产生背景、代表人物、教化对象、思想深度各异，故每部经都是无可替代的。其二，佛教的目的是度化众生出离苦海，方法是因根、应机施教，所以每一部经都有其特定的听法对象。尽管从整体而言，佛教理论有高下深浅之分，但众生领悟能力、实践程度千差万别，所以对于个体来说，当下适合自己的就是无上法门。

【经文】

时，天帝释白佛言："世尊，当何名斯经，云何奉持？"

佛告帝释："此经成就无量无边功德。一切声闻、缘觉，不能究竟观察知见。憍尸迦，当知此经，甚深微妙，大功德聚①。今当为汝略说其名，谛听！谛听！善思念之。"

时，天帝释及长老阿难白佛言："善哉！世尊，唯然受教。"

佛言："此经叹如来真实第一义功德，如是受持②。不思议大受，如是受持。一切愿摄大愿，如是受持。说不思议摄受正法，如是受持。说入一乘，如是受持。说无边圣谛，如是受持。说如来藏，如是受持。说法身，如是受持。说空义隐覆真实，如是受持。说一谛，如是受持。说常住安隐一依，如是受持。说颠倒真实，如是受持。说自性清净心隐覆，如是受持。说如来真子，如是受持。说胜鬘夫人师子吼，如是受持。"

【注释】

① 功德聚：功德积聚之意。通常有三种所指。（一）佛之德称。诸佛是由因位无量劫的修行积聚无量功德而证得的果报，所以有此美

称，如《涅槃经》有："如来无量功德聚，我今不能广宣说。"有时专指阿弥陀佛，如《赞阿弥陀佛偈》有："斯等宝林功德聚，一心合掌头面礼"，即意谓阿弥陀佛是由四十八本愿的功德积聚所证得。（二）塔之德名。意谓诸佛的一切功德聚在其中。（三）幢。幢为地藏菩萨的三昧耶形，有如意宝珠之功德，所以又尊称为功德聚。

② 受持：梵语为 udgrahana。指领受于心，忆而不忘。可分三方面：（一）受持戒律，无论出家、在家者，一旦领受佛所制定的戒法，即须誓愿持守，不得有违。（二）受持经典，十种法行、法华五种法师行之一。即受学经典之际，以恭敬心阅读，以清净心理解，并须时时讽诵、忆念。又信受佛的教法，称"受持佛语"；信受某部经典，如信受《法华经》，称"受持法华"。日本日莲宗认为，行者于唱诵"南无妙法莲华经"经题、受持《法华经》之际，立即可由凡夫身转为佛身，称为"受持妙法成佛"，略称"受持成佛"。（三）受持三衣，据《释氏要览》卷上记载，僧众得受三衣后，须依法于适当的时间、地点穿着，如入聚落、听法等，得身着大衣；于净处、习诵等，得身着七条衣；于任何处所，得穿五条衣。

【白话】

这时，天帝释问佛道："世尊，应该如何给这部经命名呢？又该如何奉持呢？"

佛陀就告诉帝释说："此经所宣说的义理能成就无量无边的功德。一切声闻、缘觉，都不能真正观察到，亦无法究竟明了。憍尸迦呀，你应当知道，这部经境界深邃，义理微妙，积聚了不可思议的大功德。现在为你简略地说一下经名，你要好好听着，并当如理思维。"

天帝释和阿难连连点头，回答道："好的！世尊，我们一定会按佛所说去做。"

佛陀于是说道："这部经赞叹的是如来真实无上的功德，应当如此受持；演说了不可思议的十大誓愿，应当如此受持；演说了以三大愿统摄一切菩萨的大愿，应当如此受持；演说了不可思议的'摄受正法'，应当如此受持；演说了会三乘于一乘，应当如此受持；演说了统摄四谛的无边第一圣谛，应当如此受持；演说了如来藏的真实含义，应当如此受持；演说了法身功德，应当如此受持；演说了如来藏空智以及被烦恼所隐覆的义理，应当如此受持；演说了只有一苦灭谛才是第一义，应当如此受持；演说了只有如来才是出世间最究竟的依止处，应当如此受持；演说了凡夫与二乘的种种颠倒认识，应当如此受持；演说如来藏虽为烦恼所染自性却保持清净，应当如此受持；演说了如何是佛的真正法子，应当如此受持；演说了胜鬘夫人善说正法，如雄狮怒吼，摧服外道，应当如此受持。"

【评析】

大乘经典在流通分往往要点明该经的名称，功德作用、主要内容的全面总结等，有助于信众对整部经的大意了然于胸，方便受持。

佛在此依序把本经内容总结成十五个要点。后世有人根据这一段把全经分为十五章。由于佛经的形式和篇章比较自由，不像论那么严谨，强行这样划分，难免有些牵强。

【经文】

"复次，憍尸迦，此经所说断一切疑，决定①了义②，入一乘道。憍尸迦，今以此说胜鬘夫人师子吼经，付嘱于汝，乃至法住，受持读诵，广分别说。"

帝释白佛言："善哉！世尊，顶受尊教。"

时，天帝释、长老阿难及诸大会——天、人、阿修罗、乾闼婆③等，闻佛所说，欢喜奉行。

【注释】

① 决定：意思是一定不变。与"不定"对称。有决定信、决定业、决定性等语。据《大乘庄严经论》，修行六波罗蜜可得六决定，即：布施可得财成决定、持戒可得生胜决定、忍辱可得不退决定、精进可得修习决定、禅定可得定业决定、智慧可得无功用决定。

② 了义：梵语为 ni^ta^rtha。意思是直接显了法义，与"不了义"合称"二义"。凡是直接、完全述尽佛法道理的言教，称为了义教，如诸大乘经说"生死、涅槃无异"者。宣说这种道理的经典，称为了义经，为佛所说。另一方面，为了顺应众生理解的程度，不直接说明究竟法义，而渐次以方便教法相引导，则称不了义教或未了义教，如诸经宣说"厌背生死""欣乐涅槃"者。说不了义教的经典即称不了义经或未了义经，同样出于因根施教的目的。了义教与不了义教，合称二了。"依了义经，不依不了义经"为四依之一。

③ 阿修罗、乾闼婆：见前注释天龙条。

【白话】

"还有，憍尸迦，这部经所说的道理能断除一切疑惑，是绝对究竟的说法，由此可以进入一乘修行之道。憍尸迦，现在就将这部胜鬘夫人狮子吼经交付于你。只要佛法还住在世间，就要受持读诵，广为宣说。"

帝释点头称是，答道："好的！世尊，我一定尽心受持世尊教法，使之永远流传。"

闻佛所言，天帝释、长老阿难和所有参与法会的天、人以及佛教护法阿修罗、乾闼婆等无不欢喜，都发愿要信奉此经并如理修行。

【评析】

佛再一次强调这部经是一乘了义之说，能解决一切疑惑，并嘱天帝释一定要受持流通。明白经中的道理，如一切众生有如来藏、三乘终归入于一乘、如来藏自性清净等等，的确有助于我们从整体上把握佛教的理论体系。

佛经的结尾通常都是皆大欢喜，所有参加听法的众生都充满法喜，赞叹经文，发愿信奉。

附　录

《大宝积经·胜鬘夫人会》

唐　菩提流志　译

　　如是我闻：一时，佛在舍卫国祇树给孤独园。时，憍萨罗波斯匿王及末利夫人初证法已，共相谓言："我女胜鬘，慈晤聪愍，多闻智慧，若见如来，于甚深法速能解了，无诸疑惑。我今应当令善谕者发其诚信。"作是议已，王及夫人即便作书，称扬如来真实功德。时，遣一使名真提罗，奉持王书，诣无斗城，授胜鬘夫人。时，胜鬘夫人发书寻绎，顶受忻庆，生希有心，向真提罗而说偈言：

"我闻如来声，世间颇难遇！斯言若真实，当赐汝衣服。
若彼佛世尊，为利世间现，必应见哀愍，令我睹真相。"
言念须臾顷，佛于虚空中，现不思议身，普放大光明。
胜鬘及眷属，皆悉来集会，合掌瞻仰礼，称赞大导师：
"如来妙色身，世间无与等，无比不思议，是故今敬礼；
如来色无尽，智慧亦复然，一切法常住，是故我归依；
善调心过恶，及与身四种，到不思议地，故我今敬礼；
知诸尔炎法，智身无挂碍，于法无忘失，故我今敬礼。
稽首过称量，稽首无伦等，稽首法自在，稽首超思惟。

哀愍覆护我，令法种增长，逮及最后身，常在如来前。
我所修福业，此世及余生，由斯善根力，愿佛恒摄受！"
时，胜鬘夫人说此偈已，及诸眷属一切大众顶礼佛足。

尔时，世尊即为胜鬘而说偈言：
"我昔为菩提，曾已开示汝。
今复值遇我，及来世亦然。"

说此偈已，即于会中授胜鬘夫人阿耨多罗三藐三菩提记："汝今称叹如来殊胜功德，以此善根，当于无量阿僧祇劫天人之中为自在王，诸所受用皆悉具足，所生之处常得遇我，现前称叹如今无异。复当供养无量无数诸佛世尊，过二万阿僧祇劫，当得作佛，号曰'普光如来应正等觉'。彼佛国土无诸恶趣、衰老病苦，亦无不善恶业道名，其中众生形色端严，具五妙境，纯受快乐，蔽于他化自在诸天。彼诸众生皆趣大乘，诸有如是学大乘者，悉来生彼。"

时，胜鬘夫人得授记已，无量天人心怀踊跃，咸愿往生彼佛世界。是时，世尊皆与授记当生彼国。

时，胜鬘夫人闻佛记已，于如来前合掌而立，发十弘誓，作如是言：

"世尊！我从今日乃至菩提，于诸受戒不起犯心。

世尊！我从今日乃至菩提，于诸师长不起慢心。

世尊！我从今日乃至菩提，于诸众生不起恚心。

世尊！我从今日乃至菩提，于诸胜已及诸胜事。不起妒心。

世尊！我从今日乃至菩提，虽有少食不起悭心。

世尊！我从今日乃至菩提，不自为己受畜财物。凡有所受，为济贫苦有情之类。

世尊！我从今日乃至菩提，不求恩报行四摄事。无贪利心，无厌足心，无限碍心，摄受众生。

世尊！我从今日乃至菩提，见诸众生无有依怙，幽系疾恼种种危厄，终不舍离，必愿安隐，以善饶益令免众苦。

世尊！我从今日乃至菩提，若见一切诸恶律仪、毁犯如来清净禁戒，凡我所摄城邑聚落，应调伏者而调伏之，应摄受者而摄受之，何以故？以调伏摄受故，则正法久住；正法久住故，天人充满，恶道减少，能令如来法轮常转。

世尊！我从今日乃至菩提，摄受正法终不忘失。何以故？忘失正法，则忘大乘；忘大乘者，则忘波罗蜜；忘波罗蜜者，则舍大乘。若诸菩萨有于大乘不决定者，摄受正法则不坚固，便不堪任超凡夫境，则为大失。世尊！现在未来，摄受正法诸菩萨等具足无边广大利益，发斯弘誓。

圣主世尊！虽复证知，而诸有情善根微薄，或起疑网，以十弘誓难成就故。彼或长夜习不善法，受诸苦恼。为欲利益如斯众生，今于佛前发诚实誓。

世尊！我今发此十弘誓愿，若实不虚，于大众上当雨天花、出天妙音。"

胜鬘夫人于如来前作斯言已，时，虚空中即雨天花，出天妙音，叹言："善哉！胜鬘夫人，如汝所说，真实无异！"

尔时，众会既睹斯瑞，无诸疑惑生大欢喜，同声唱言："愿与胜鬘夫人所生之处同其愿行！"

时，佛世尊悉记大众如其所愿。

尔时，胜鬘夫人复于佛前发三弘愿：

"以兹愿力，利益无边诸有情类。

第一愿者，以我善根，于一切生得正法智。

第二愿者，若我所生得正智已，为诸众生演说无倦。

第三愿者，我为摄受护持正法，于所生身不惜躯命。"

尔时，世尊闻斯愿已，告胜鬘言："如一切色悉入空界，如是菩萨恒沙诸愿悉入兹愿。此三愿者真实广大！"

尔时，胜鬘夫人复白佛言："世尊！今当承佛威神辩才之力，欲说大愿，幸垂听许。"

佛言："胜鬘，恣汝所说。"

胜鬘夫人言："菩萨所有恒沙诸愿，一切皆入一大愿中。一大愿者，所谓摄受如来正法。如是摄受正法，真实广大！"

佛言："善哉！胜鬘，汝久修习，智慧方便甚深微妙。能解了汝所说义，彼于长夜植诸善本。如汝所说摄受正法，皆是过去、未来、现在诸佛已说、今说、当说。我得无上正等菩提，亦复常以种种相说摄受正法。如是称扬摄受正法，所有功德无有边际。如来智慧亦无边际，何以故？是摄受正法有大功德，有大利益。"

时，胜鬘夫人复白佛言："世尊！我当承佛威神之力，更复演说摄受正法广大之义。"

佛言："听汝所说。"

胜鬘夫人言："摄受正法广大义者，为得无量一切佛法，乃至能摄八万行蕴。譬如劫初兴诸色云雨、众宝雨，如是摄受正法善根之云，能雨无量福报之雨。

世尊，又如劫初大水之中，能生三千大千界藏及四百亿种种类洲，如是，摄受正法出生大乘无量界藏，并诸菩萨神通之力，种种法门，一切世间及出世间安乐具足，一切天人所未曾有。

又如大地荷四重担，何等为四？一者大海，二者诸山，三者草木，四者众生。如是摄受正法，诸善男子及善女人堪能荷负四种重任逾彼大地，何等为四？谓离善友无闻非法诸有情类，以人天善根而成熟之；求声闻者授声闻乘；求独觉者授独觉乘；求大乘者授以大乘。是名摄受正法诸善男子及善女人堪能荷负四种重任逾彼大地。

世尊，如是摄受正法，善男子、善女人等建立大地，堪能荷负四种重任，普为众生作不请友，大悲利益哀愍有情，为世法母。

又如大地是四种宝所生之处，何等为四？一者无价，二者上价，三者中价，四者下价。如是摄受正法，善男子、善女人建立大地，有情遇已，获四大宝，一切宝中最为殊胜。

何等为四？谓诸有情遇斯善友，或有获得人天善根，有证声闻及辟支佛或无上乘善根功德。是名摄受正法善男子、善女人建立大地，有情遇已，便能获得四种大宝。世尊，出大宝者，名为真实摄受正法。

世尊，言摄受正法者，谓无异正法，无异摄受正法。正法，即是摄受正法。世尊，无异波罗蜜，无异摄受正法。摄受正法，即是波罗蜜多。

何以故？摄受正法善男子、善女人，应以施成熟者，以施成熟，乃至舍身，随顺彼意而成熟之，令彼有情安住正法，是名施波罗蜜。

应以戒成熟者，守护六根，净身语意，乃至威仪，随顺彼意而成熟之，令彼有情安住正法，是名戒波罗蜜。

应以忍成熟者，若彼有情骂詈、毁辱、诽谤、扰乱，以无恚心及利益心最上忍力，乃至颜色亦不变异，随顺彼意而成熟之，令彼有情安住正法，是名忍波罗蜜。

应以精进而成熟者，于彼有情不起懈怠下劣之心，起大乐欲最上精进，于四威仪随顺彼意而成熟之，令彼有情安住正法，是名精进波罗蜜。

应以静虑而成熟者，于彼有情以无散乱成就正念，曾所作事终不忘失，随顺彼意而成熟之，令彼有情安住正法，是名静虑波罗蜜。

应以智慧而成熟者，彼诸有情为利益故，问诸法义，以无倦心而为演说一切诸论、一切明处，乃至种种工巧之处，令得究竟，随顺彼意而成熟之，令彼有情安住正法，是名智慧波罗蜜。

是故，世尊，无异波罗蜜，无异摄受正法。摄受正法，即是波罗蜜。"

时，胜鬘夫人复白佛言："世尊，我今承佛威神辩才之力，复说大义。"

佛言："云何大义？"

"世尊！摄受正法者，无异摄受正法，无异摄受正法者。摄受正法善男子、善女人，则是摄受正法。

何以故？若摄受正法，善男子、善女人为正法故，舍身命财。

如是人等以舍身故，证生死后际，远离老病，得不坏、常、无有变易、究竟寂静、不可思议如来法身。

以舍命故，证生死后际，永离于死，得无边常，成就不可思议诸善功德，安住一切佛法神变。

以舍财故，证生死后际，超过有情，无尽无减果报圆满，具不思议功德庄严，为诸有情尊重供养。

世尊，舍身、命、财，摄受正法善男子、善女人等，为诸如来之所授记。世尊,若善男子、善女人,正法欲灭,有诸比丘、比丘尼、优婆塞、优婆夷,互相朋党,起诸诤讼,以不谄曲不欺诳心,爱乐正法,摄受正法,入善朋中。入善朋者,必为诸佛之所授记。

世尊,我见摄受正法有斯大力,如来以此为眼,为法根本,为引导法,为通达法。"

尔时,世尊闻胜鬘夫人所说摄受正法有大威力,叹言:"如是,如是!善哉!胜鬘,如汝所说,摄受正法大威德力,如大力士,微触末摩,生大苦痛,更增重病。如是,胜鬘,假令少分摄受正法,令魔波旬痛切、愁恼、悲号、叹息。亦复如是,胜鬘,我常不见余一善法令魔愁恼,犹如少分摄受正法。

胜鬘,譬如牛王形色端正,身量殊特蔽于诸牛。如是,胜鬘,修大乘者设令少分摄受正法,即能蔽于声闻独觉一切善法。

胜鬘,又如须弥山王,高广严丽蔽于众山。如是,胜鬘,初趣大乘,以饶益心不顾身命摄受正法,便能超过顾其身命久住大乘一切善根。是故,胜鬘,当以摄受正法开示教化一切有情。如是,胜鬘,摄受正法获大福利及大果报。胜鬘,我于无数阿僧祇劫称赞如是摄受正法所有功德,不得边际。是故,摄受正法成就如是无量功德。"

佛告胜鬘:"汝今复应演我所说摄受正法,一切诸佛共所爱乐。"

胜鬘白言:"善哉!世尊,摄受正法者,则名大乘。何以故?大乘者,出生一切声闻独觉、世出世间所有善法。如阿耨达池出八大河,如是大乘出生一切声闻独觉、世出世间所有善法。

世尊,又如一切种子草木丛林皆依大地而得生长,如是一切声闻独觉、世出世间所有善法，皆依大乘而得生长。

是故，世尊，住于大乘摄受大乘，即住摄受声闻独觉、世出世间所有善法。如佛世尊所说六处，谓正法住、正法灭、别解脱、毗奈耶、正出家、受具足。

为大乘故，说此六处，所以者何？正法住者为大乘说，大乘住者即正法住。正法灭者为大乘说，大乘灭者即正法灭。别解脱，毗奈耶，此之二法义一名异，毗奈耶者即大乘学，所以者何？为佛出家而受具足。是故，大乘戒蕴是毗奈耶，是正出家，是受具足。世尊，阿罗汉者，无有出家及受具足，何以故？阿罗汉不为如来出家受具足故。

阿罗汉有怖畏，想归依如来，何以故？阿罗汉于一切行住怖畏想，如人执剑欲来害己。是故，阿罗汉不证出离究竟安乐。世尊！依不求依，如诸众生无有归依，彼彼恐怖，为安隐故，求于归依。世尊，如是阿罗汉有恐怖故，归依如来。

是故，阿罗汉及辟支佛生法有余，梵语行未立，所作未办，当有所断。未究竟故，去涅槃远。

何以故？唯有如来应正等觉，证得涅槃，成就无量不可思议一切功德。所应断者，皆悉已断，究竟清净，为诸有情之所瞻仰，超过二乘菩萨境界。阿罗汉等则不如是，言得涅槃，之方便。是故，阿罗汉等去涅槃远。世尊，说阿罗汉及辟支佛观察解脱四智究竟得苏息者，皆是如来随他意语不了义说。

何以故？有二种死，何等为二？一者分段，二者变易。分段死者，谓相续有情；变易死者，谓阿罗汉及辟支佛自在菩萨，随意生身乃至菩提。

二种死中，以分段死说阿罗汉及辟支佛生于我生已尽之智；由能证得有余果故，生于梵语行已立之智；一切愚夫所不能作，七种学人未能成办，相续烦恼究竟断故，生于所作已办之智。世尊，说生不受后有智者，谓阿罗汉及辟支佛不能断于一切烦恼，不了一切受生之智。

何以故？是阿罗汉及辟支佛有余烦恼不断尽故，不能了知一切受生。烦恼有二，谓住地烦恼，及起烦恼。住地有四，何等为四？谓见一处住地、欲爱住地、色爱住地、有爱住地。世尊，此四住地能生一切遍起烦恼。起烦恼者，刹那刹那与心相应。世尊，无明住地，无始时来心不相应。世尊，四住地力能作遍起烦恼所依，比无明地算数譬喻所不能及。世尊，如是无明住地，于有爱住地，其力最大。

譬如魔王色力威德及众眷属，蔽于他化自在诸天。如是无明住地蔽四住地，过恒沙数烦恼所依，亦令四种烦恼久住。声闻、独觉智不能断，唯有如来智所能断。世尊，如是，如是！无明住地其力最大。

世尊！如取为缘有漏业因而生三有，为缘无漏业因能生阿罗汉及辟支佛、大力菩萨随意生身。此之三地、随意生身及无漏业皆以无明住地为所依处，彼虽有缘亦能为缘。世尊，是故三种随意生身及无漏业，皆以无明住地为缘，同于有爱。

世尊！有爱住地不与无明住地业同。无明住地异四住地，异四住地唯佛能断，何以故？阿罗汉、辟支佛断四住地，于漏尽力不得自在，不能现证。

何以故？世尊，言漏尽之增语，是故阿罗汉、辟支佛及最后有诸菩萨等，为无明地所覆蔽故，于彼彼法不知不见；以不知见于彼彼法，应断不断，应尽不尽。于彼彼法不断不尽故，得有余解脱，非一切解脱；得有余清净；非一切清净；得有余功德，非一切功德。

世尊！以得有余解脱非一切解脱，乃至有余功德非一切功德故，知有余苦，断有余集，证有余灭，修有余道。"

尔时，胜鬘夫人复白佛言："世尊！若复知有余苦，断有余集，证有余灭，修有余道，是名少分灭度，证少分涅槃向涅槃界。

若知一切苦，断一切集，证一切灭，修一切道，彼于无常败坏世间，得证常寂清凉涅槃。世尊！彼于无护无依世间，为护为依。

何以故？于诸法中，见高下者不证涅槃，智平等者、解脱等者、清净等者乃证涅槃。是故，涅槃名等一味。云何一味？谓解脱味。

世尊！若无明地不断不尽，不得涅槃一味等味。何以故？无明住地不断不尽故，过恒沙等一切过法，应断不断，应尽不尽。过恒沙等一切过法，不断不尽故，过恒沙等诸功德法，不了不证。

是故，无明住地于一切所应断法诸随烦恼为生处故，从于彼生：障心烦恼，障止烦恼，障观烦恼，障静虑烦恼，如是乃至障三摩钵底，加行智果证力无畏。所有过恒沙等一切烦恼，如来菩提、佛金刚智之所能断。诸起烦恼，一切皆依无明住地。无明住地为因缘故，世尊，此起烦恼，刹那刹那与心相应。世尊，无明住地从无始来心不相应。

世尊！若复过恒河沙如来菩提，佛金刚智所应断法，一切皆是无明住地，依持建立。譬如一切种子丛林皆依大地之所生长，若地坏者，彼亦随坏。如是，过恒沙等如来菩提、佛金刚智所应断法，一切皆依无明住地之所生长，若彼无明住地断者，过恒沙等如来菩提、佛金刚智所应断法，皆亦随断。如是过恒沙等所应断法，一切烦恼及起烦恼，皆已断故，便能证得过恒沙等不可思议诸佛之法。于一切法，而能证得无碍神通，得诸智见离一切过，得诸功德为大法王。于法自在，证一切法自在之地，正师子吼。我生已尽，梵行已立，所作已办，不受后有。是故，世尊，以师子吼，依于了义一向记说。

世尊！不受后有智有二种。

何谓为二？一者，谓诸如来以调御力，摧伏四魔超诸世间，一切有情之所瞻仰，证不思议清净法身，于所知地得法自在，最胜无上更无所作，不见更有所证之地，具足十力，登于最胜无畏之地，于一切法无碍观察，正师子吼，不受后有。

二者，谓阿罗汉及辟支佛得度无量生死怖畏，受解脱乐，作如是念：我今已离生死怖畏，不受诸苦。世尊，阿罗汉、辟支佛如是观察，谓不受后有，不证第一苏息涅槃。彼等于未证地不遇法故，能自解了。我今证得有余依地，决定当证阿耨多罗三藐三菩提。

何以故？声闻、独觉皆入大乘，而大乘者，即是佛乘。是故，三乘即是一乘，证一乘者得阿耨多罗三藐三菩提；阿耨多罗三藐三菩提者，即是涅槃；言涅槃者，即是如来清净法身；证法身者，即是一乘，无异如来，无异法身；言如来者，即是法身；证究竟法身者，即究竟一乘；究竟一乘者，即离相续。

何以故？世尊，如来住时无有限量，等于后际。如来能以无限大悲、无限誓愿利益世间。作是说者，是名善说。若复说言如来是常、是无尽法、一切世间究竟依者，亦名善说。是故，能于无护世间无依世间，与等后际，作无尽归依、常住归依、究竟归依者，谓如来应正等觉。

法者，是一乘道；僧者，是三乘众。此二归依非究竟依，名少分依。何以故？说一乘道证究竟法身，于后更无说一乘道。三乘众者有恐怖故，归依如来，求出修学。有所作故，向阿耨多罗三藐三菩提故，二依非究竟依，是有限依。

若诸有情，如来调伏，归依如来，得法津润，由信乐心，归依于法及比丘僧，是二归依。由法津润信入归依，如来者，非法津润信入归依。言如来者，是真实依。此二归依以真实义，即名究竟归依如来。

何以故？如来不异此二归依，是故，如来即三归依。

何以故？一乘道。如来最胜具四无畏，正师子吼。若诸如来，随彼所欲而以方便，说于二乘即是大乘，以第一义无有二乘，二乘者同入一乘，一乘者即胜义乘。

世尊！声闻独觉初证圣谛，非以一智断诸住地，亦非一智证四遍知诸功德等，亦非以法能善了知此四法义。世尊，于出世智，无有四智渐至渐缘。世尊，出世间智无渐至法，如金刚喻。世尊，声闻、独觉以于种种圣谛之智，断诸住地，无有出世第一义智。唯有如来应正遍知，非诸声闻、独觉境界，以不思议空性之智，能破一切诸烦恼卵。世尊，破烦恼卵究竟之智，是名出世第一义智。初圣谛智非究竟智，是于趣向阿耨多罗三藐三菩提智。

世尊！真圣义者即非二乘。何以故？声闻独觉唯能成就少分功德，名之为圣。世尊，言圣谛者，非诸声闻独觉之谛及彼功德。而此谛者唯有如来应正等觉，初始了知，然后为彼无明卵藏世间众生开示演说，故名圣谛。

世尊！此圣谛者，甚深微妙难见难了，不可分别，非思量境，一切世间所不能信，唯有如来应正等觉之所能知。何以故？说甚深如来之藏。如来藏者，是佛境界，非诸声闻独觉所行。于如来藏说圣谛义，此如来藏甚深微妙，所说圣谛亦复深妙，难见难了，不可分别，非思量境，一切世间所不能信，唯有如来应正等觉之所能知。

若于无量烦恼所缠如来之藏不疑惑者，于出一切烦恼之藏——来法身亦无疑惑。世尊，若有于此如来之藏及佛法身，不可思议佛秘密境，心得究竟，于彼所说二圣谛义，能信能了能生胜解。

何等名为二圣谛义？所谓有作及以无作。

作圣谛者，是不圆满四圣谛义，何以故？由他护故，而不能得：知一切苦，断一切集，证一切灭，修一切道。是故，不知有为、无为及于涅槃。

世尊！无作谛者，是说圆满四圣谛义。何以故？能自护故，知一切苦，断一切集，证一切灭，修一切道。

如是所说八圣谛义，如来但以四圣谛说，于此无作四圣谛义。唯有如来应正等觉作事究竟，非阿罗汉及辟支佛力所能及。何以故？非诸胜劣下中上法能证涅槃。

云何如来？于无作谛得事究竟。谓诸如来应正等觉，遍知诸苦，断诸烦恼，及超烦恼所摄苦集，能证一切意生身蕴所有苦灭，及修一切苦灭之道。

世尊！非坏法故，名为苦灭。何以故？言苦灭者，无始无作，无起无尽，常住不动，本性清净，出烦恼㲉。世尊，如来成就过于恒沙具解脱智不思议法，说名法身。世尊，如是法身，不离烦恼，名如来藏。

世尊！如来藏者，即是如来空性之智。如来藏者，一切声闻、独觉所未曾见，亦未曾得，唯佛了知及能作证。

世尊！此如来藏空性之智，复有二种。

何等为二？谓空如来藏，所谓离于不解脱智一切烦恼。世尊，不空如来藏，具过恒沙佛解脱智不思议法。

世尊！此二空智诸大声闻，由信能入。世尊，如是一切声闻、独觉空性之智，于四倒境攀缘而转。是故，一切声闻、独觉所未曾见，亦未曾证。一切苦灭，唯佛现证，坏诸烦恼，修苦灭道。

世尊！此四谛中，三谛无常，一谛是常。何以故？如是三谛入有为相。有为相者，则是无常。言无常者，是破坏法。破坏法者，非谛，非常，非归依处。是故，三谛以第一义，非谛，非常，非归依处。世尊，一苦灭谛离有为相。离有为相，则性常住。性常住者，非破坏法。非破坏者，是谛，是常，是归依处。世尊，是故，苦灭圣谛以胜义故，是谛，是常，是归依处。

世尊！此苦灭谛是不思议，过诸有情心识境界，亦非一切声闻、独觉智所能及。譬如生盲不见众色，七日婴儿不见日轮，苦灭谛者亦复如是，非诸凡夫心识所缘，亦非一切声闻、独觉智之境界。凡夫识者，谓二边见。一切声闻、独觉智者，名为净智。

言边见者，于五取蕴执着为我，生异分别。边见有二，何者为二？所谓常见及以断见。世尊，若复有见生死无常涅槃是常，非断常见，是名正见。何以故？诸计度者见身诸根，受者思者，现法灭坏，于有相续不能了知，盲无慧目起于断见；于心相续刹那灭坏，愚暗不了意识境界，起于常见。世尊，然彼彼义，过诸分别及下劣见，由诸愚夫妄生异想，颠倒执着，谓断谓常。

世尊！颠倒有情于五取蕴，无常常想，苦为乐想，无我我想，不净净想。

声闻、独觉所有净智，于如来境及佛法身，所未曾见。

或有众生信如来故，于如来所，起于常想、乐想、我想及于净想，非颠倒见，即是正见。何以故？如来法身是常波罗蜜，乐波罗蜜，我波罗蜜，净波罗蜜。若诸有情作如是见，是名正见。若正见者，名真佛子，从佛口生，从正法生，从法化生，得佛法分。

世尊！言净智者，则是一切声闻、独觉智波罗蜜。此之净智，于苦灭谛尚非境界，况苦灭谛？！是四入流智之所行。何以故？三乘初业，不愚法者，能于彼义当证当了。世尊，为何义故说四入流？

世尊！此四入流是世间法。世尊，能一入流，于诸入流为最为上。以第一义是为入流，是为归依，是苦灭谛。

世尊！生死者依如来藏。以如来藏故，说前际不可了知。

世尊！有如来藏，故得有生死，是名善说。

世尊！生死者，诸受根灭无间相续，未受根起名为生死。世尊，生死二法是如来藏，于世俗法名为生死。世尊，死者诸受根灭，生者诸受根起。如来藏者，则不生不死，不升不坠，离有为相。世尊，如来藏者，常恒不坏。是故，世尊，如来藏者，与不离解脱智藏，是依，是持，是为建立，亦与外离不解脱智诸有为法，依持建立。

世尊！若无如来藏者，应无厌苦乐求涅槃。何以故？于此六识及以所知如是七法，刹那不住，不受众苦，不堪厌离愿求涅槃。如来藏者，无有前际，无生无灭法，受诸苦。彼为厌苦愿求涅槃。

世尊！如来藏者，非有我、人、众生、寿者。如来藏者，身见有情，颠倒有情，空见有情，非所行境。

世尊！如来藏者是法界藏，是法身藏，出世间藏，性清净藏。

此本性净，如来藏者如我所解，纵为客尘烦恼所染，犹是不可思议如来境界。何以故？世尊，刹那刹那善不善心，客尘烦恼所不能染。何以故？烦恼不触心，心不触烦恼。云何不触法而能得染心？世尊，由有烦恼有随染心，随烦恼染难解难了。唯佛世尊为眼，为智，为法根本，为尊，为导，为正法依，如实知见。"

尔时，世尊叹胜鬘夫人言："善哉！善哉！如汝所说，性清净心随烦恼染，难可了知。复次，胜鬘，有二种法难可了知。何等为二？谓性清净心难可了知，彼心为烦恼染，亦难了知。如此二法，汝及成就大法菩萨乃能听受，诸余声闻由信能解。

胜鬘，若我弟子增上信者，随顺法智，于此法中而得究竟。

顺法智者，观根识境，观察业报，观罗汉眠，观心自在爱乐禅乐，观声闻独觉圣神变通，由成就此五善巧观。现在、未来声闻弟子因增上信，随顺法智，善能解了性清净心，烦恼所染而得究竟。胜鬘，是究竟者为大乘因。汝今当知信如来者，于甚深法不生诽谤。"

尔时，胜鬘夫人白佛言："世尊！复有余义能多利益，我当承佛威神之力，演说斯事。"

佛言："善哉！今恣汝说。"

胜鬘夫人言："有三种善男子、善女人，于甚深法离自毁伤，生多功德，入大乘道。何等为三？若善男子、善女人等，能自成就甚深法智，或有成就随顺法智，或有于此甚深法中不能解了，仰推如来，唯佛所知非我境界。

除此三种善男子、善女人已，诸余有情于甚深法，随己所取执着妄说,违背正法习诸外道腐败种子,设在余方应往除灭。彼腐败者,一切天人应共摧伏。"

胜鬘夫人说是语已,与诸眷属顶礼佛足。

时,佛世尊赞言:"善哉!胜鬘,于甚深法方便守护,降伏怨敌善能通达。汝已亲近百千俱胝诸佛如来,能说此义。"

尔时,世尊放胜光明,普照大众,身升虚空高七多罗量,以神通力足步虚空,还舍卫城。时,胜鬘夫人与诸眷属瞻仰世尊,目不暂舍,过眼境已,欢喜踊跃,递共称叹如来功德,一心念佛还无斗城,劝友称王建立大乘。城中女人七岁已上,化以大乘。友称大王亦以大乘化诸男子七岁已上。举国人民无不学者。

尔时,世尊入逝多林,告尊者阿难及念天帝。时,天帝释与诸眷属应念而至住于佛前。

尔时,世尊告帝释言:"憍尸迦,汝当受持此经,演说开示,为三十三天得安乐故。"

复告阿难:"汝亦受持,为诸四众分别演说。"

时,天帝释白佛言:"世尊!当何名斯经?云何奉持?"

佛告天帝:"此经成就无边功德,一切声闻、独觉力不能及,况余有情。憍尸迦当知,此经甚深微妙大功德聚,今当为汝略说其名。谛听,谛听!善思念之!"

时,天帝释及尊者阿难白言:"善哉!世尊,唯然受教。"

佛言:"此经赞叹如来真实功德,应如是持;说不思议十种弘誓,应如是持;以一大愿摄一切愿,应如是持;说不思议摄受正法,应如是持;说入一乘,应如是持;说无边谛,应如是持;说如来藏,应如是持;说佛法身,应如是持;说空性义隐覆真实,应如是持;说一谛义,应如是持;说常住不动寂静一依，应如是持；说颠倒真实，应如是持；说自性清净心烦恼隐覆，应如是持；说如来真子，应如是持；说胜鬘夫人正师子吼，应如是持。

复次，憍尸迦，此经所说断一切疑，决定了义入一乘道。憍尸迦，今以所说胜鬘夫人师子吼经，付嘱于汝，乃至法住，于十方界开示演说。"

天帝释言："善哉！世尊，唯然受教。"

时，天帝释、尊者阿难及诸大会天人、阿修罗、健闼婆等，闻佛所说，皆大欢喜，信受奉行。